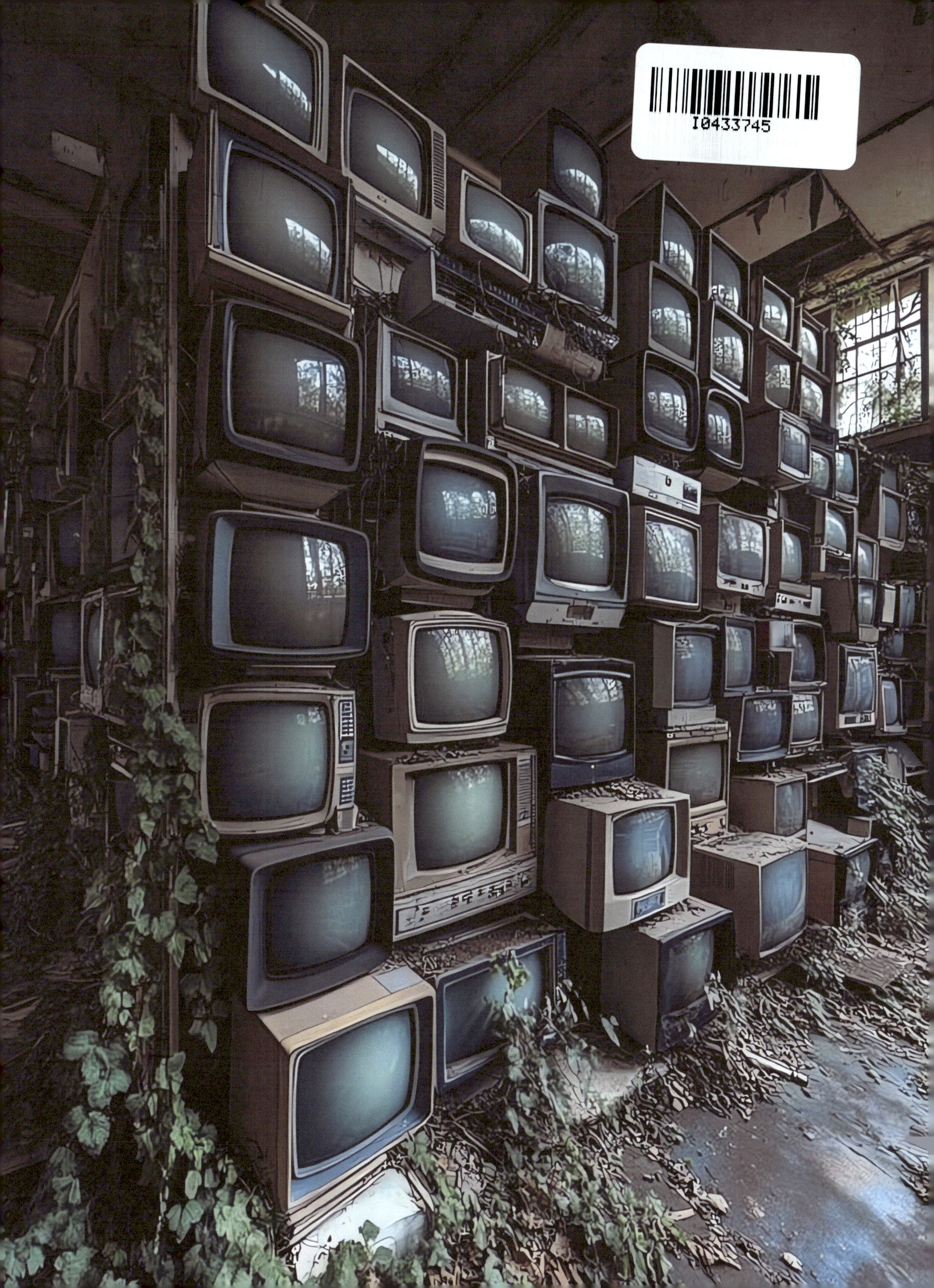

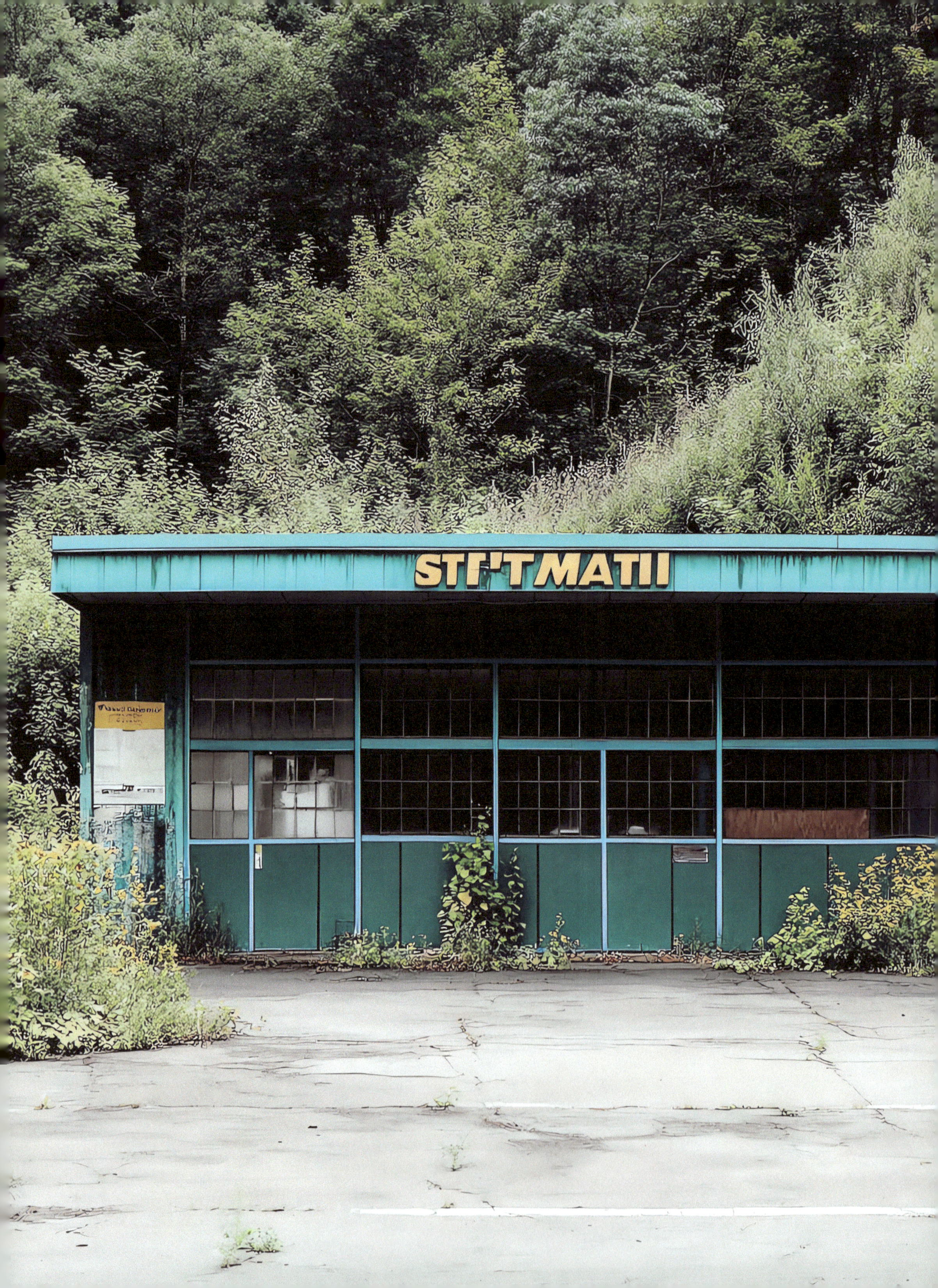
STI'TMATII

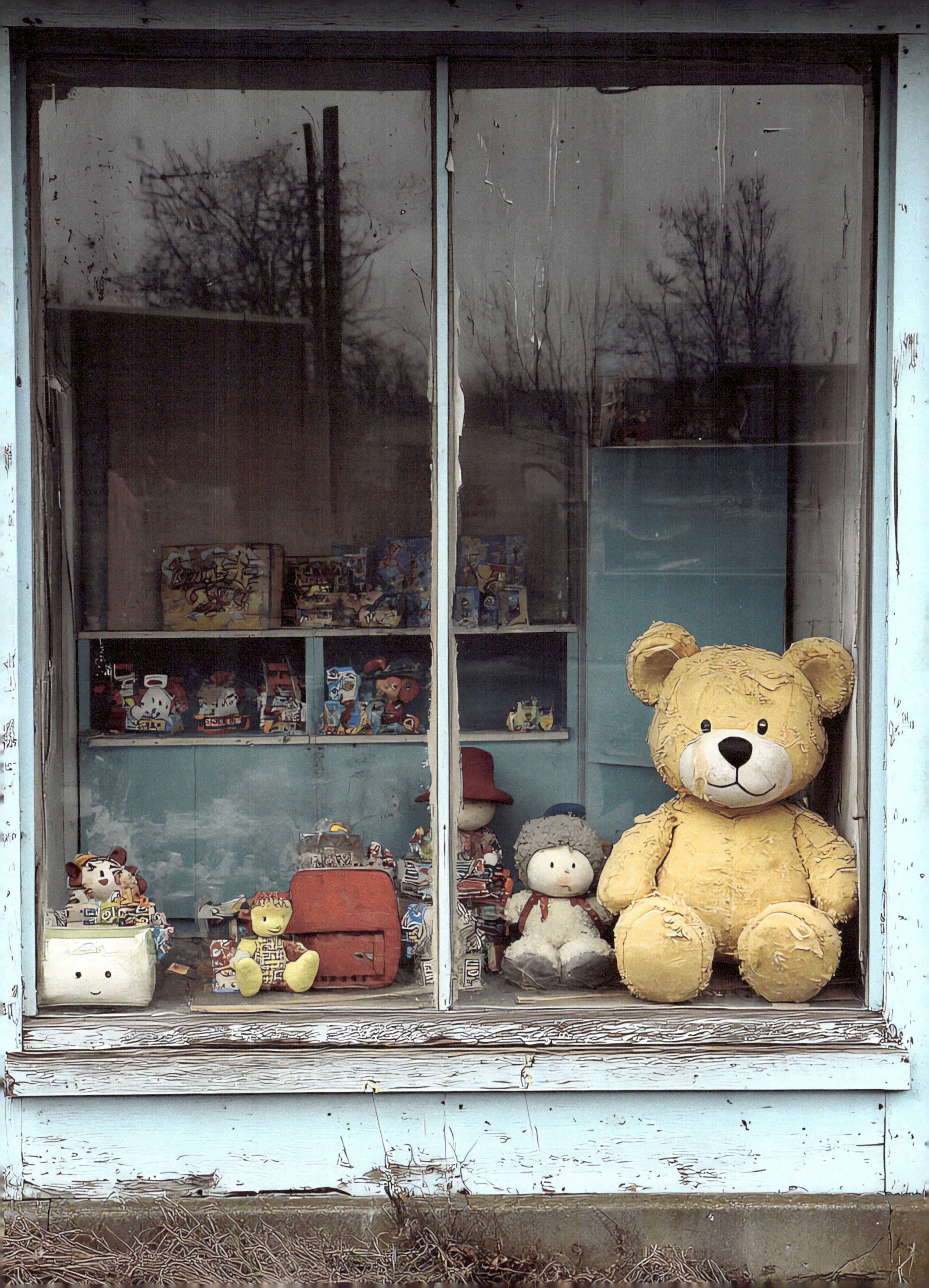

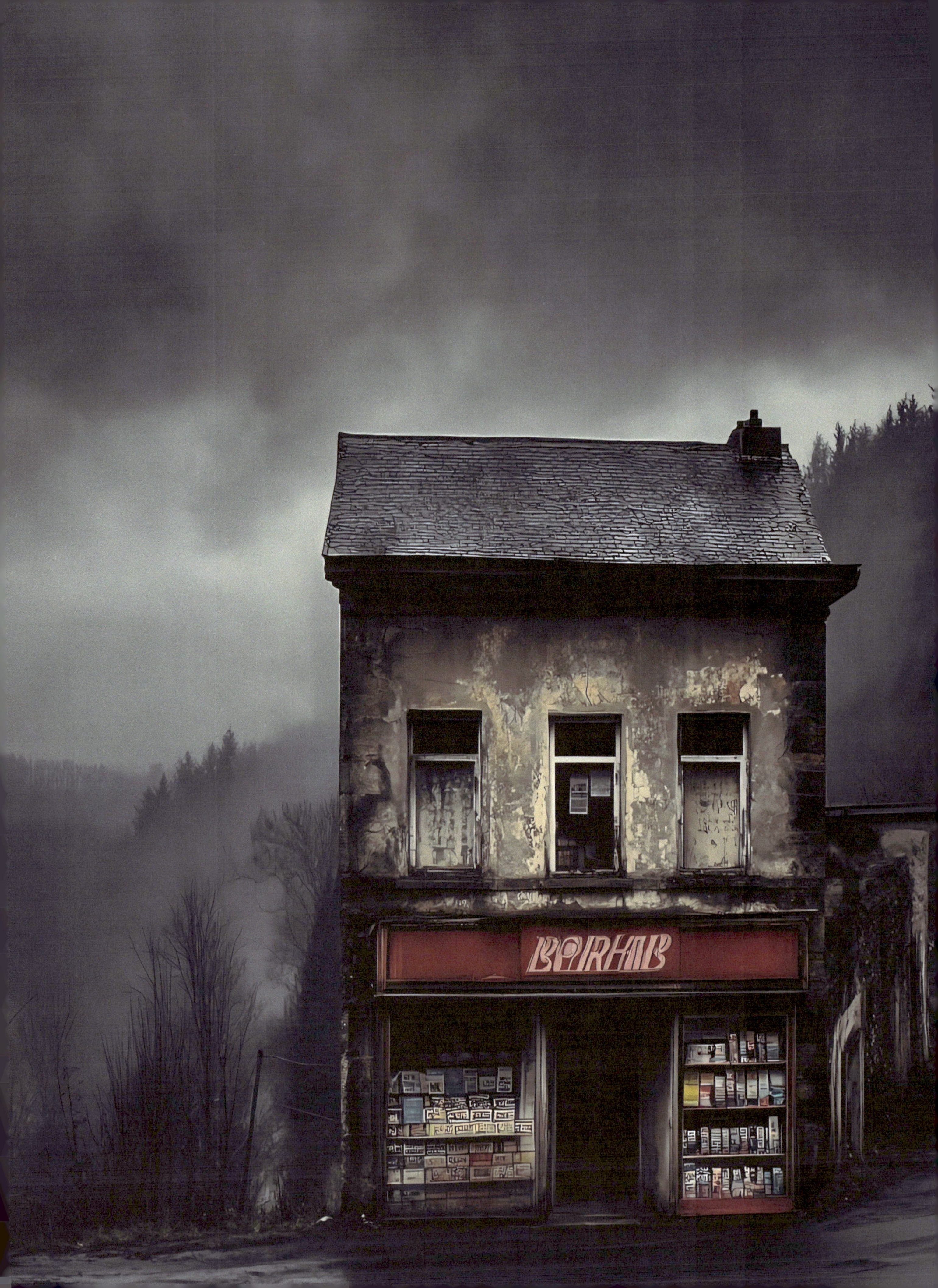

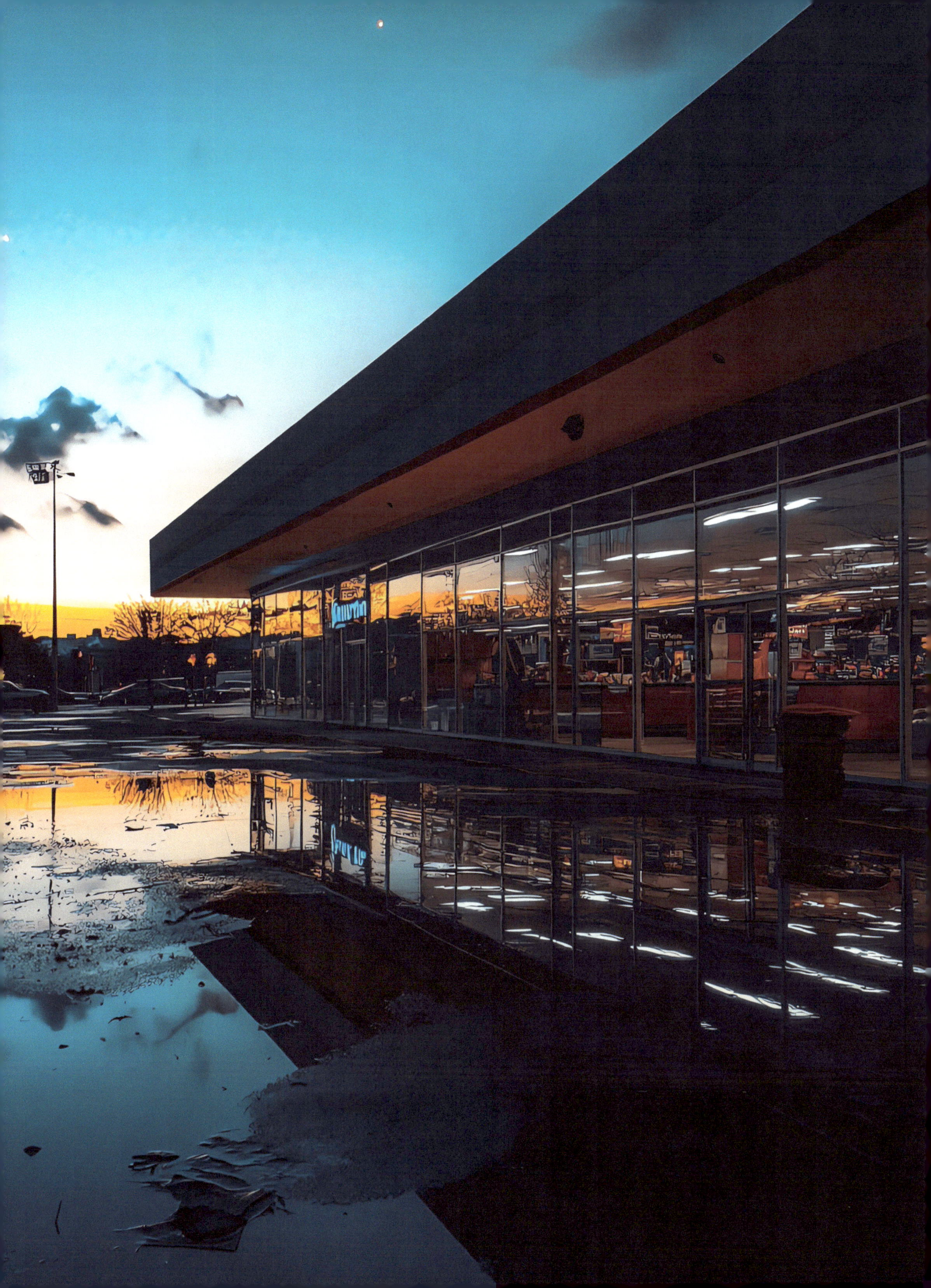

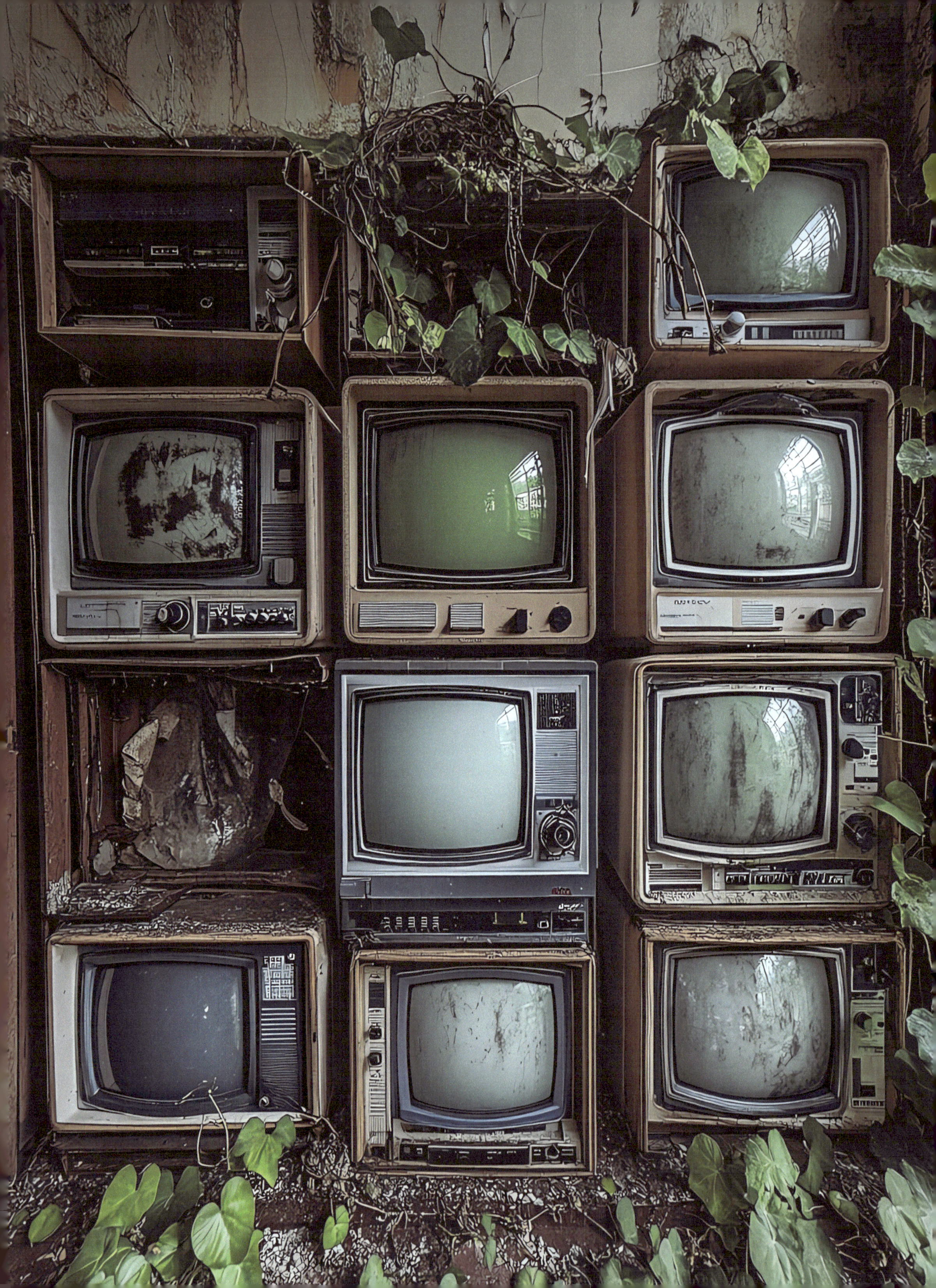

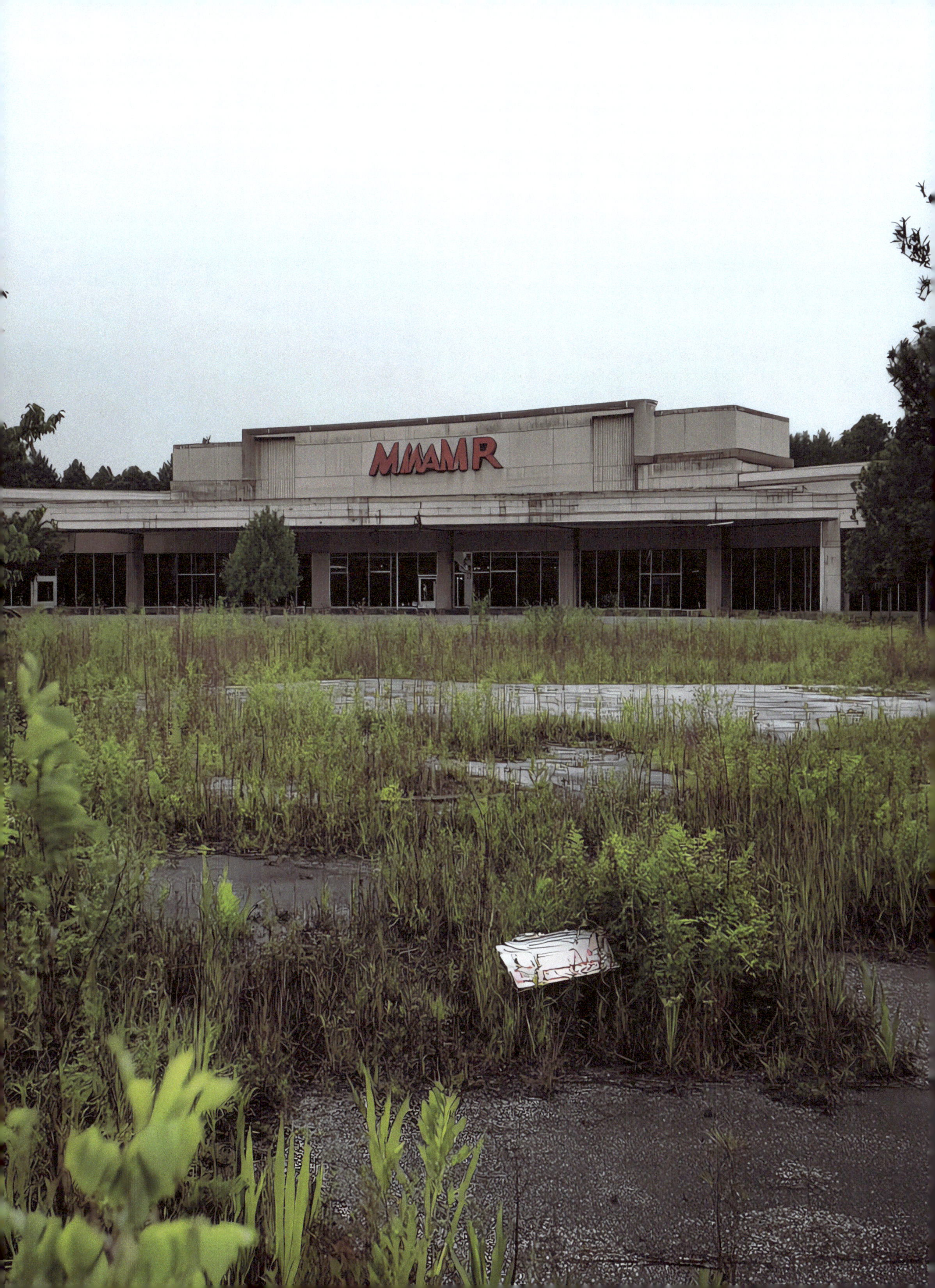

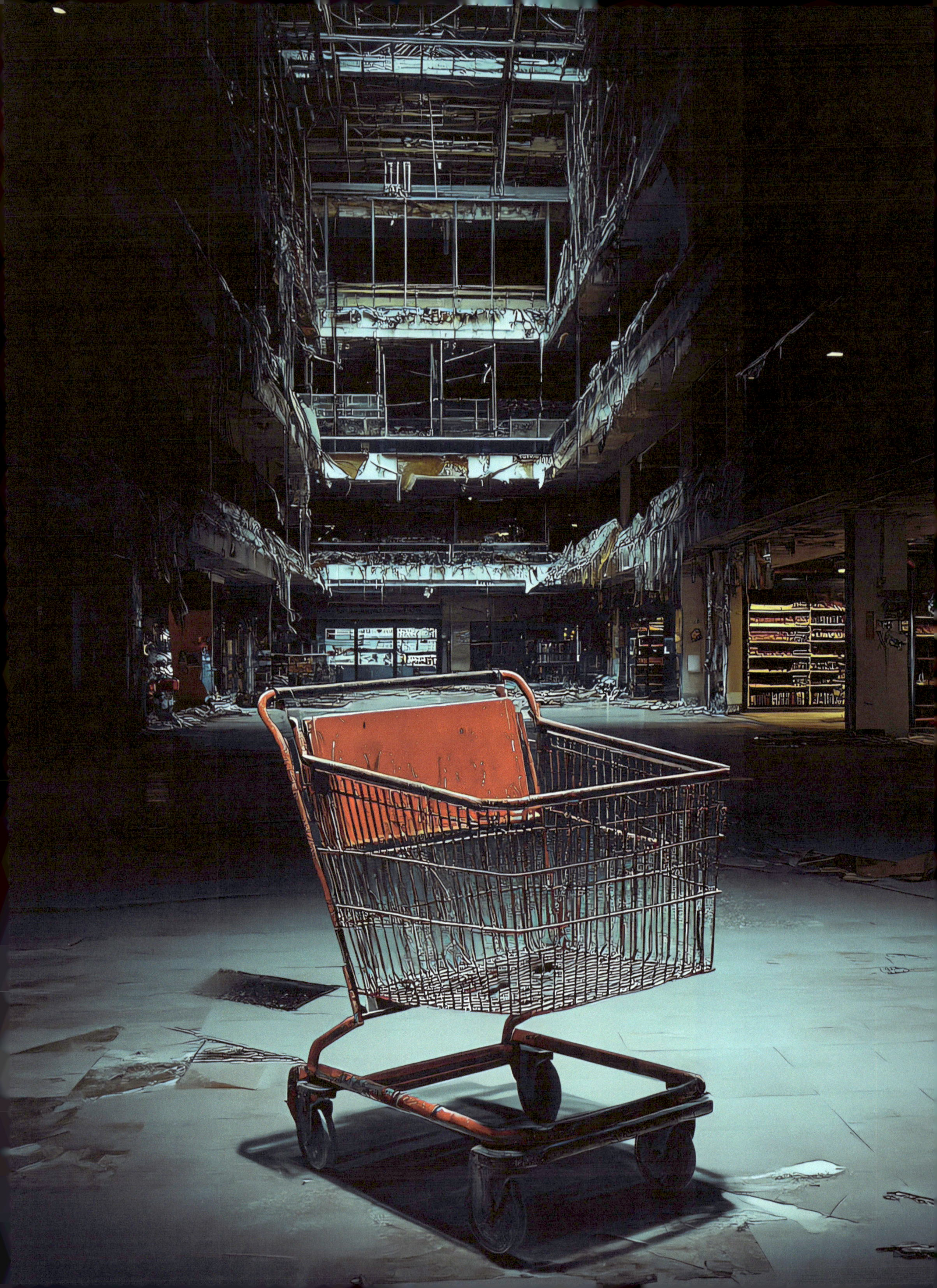

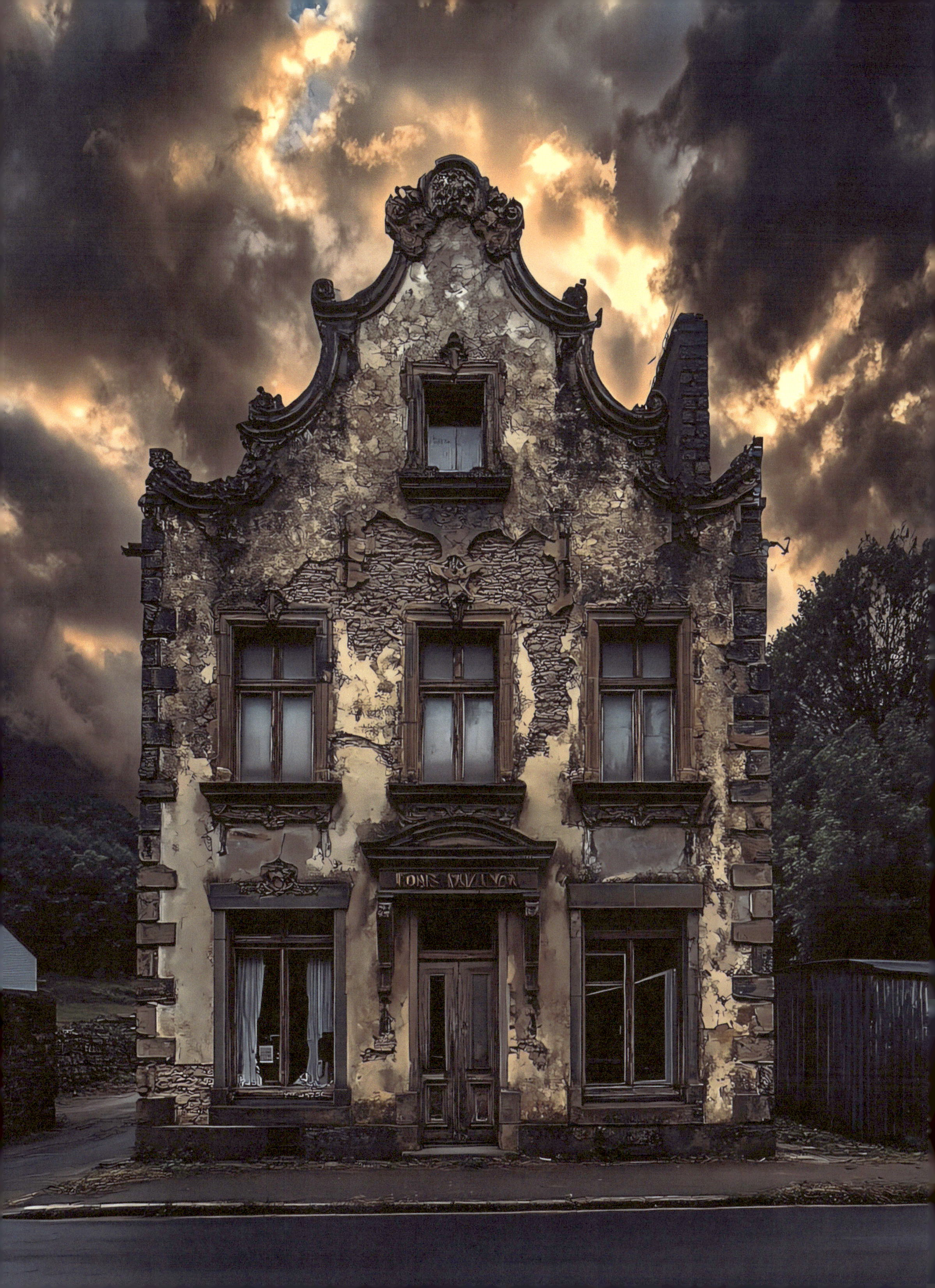

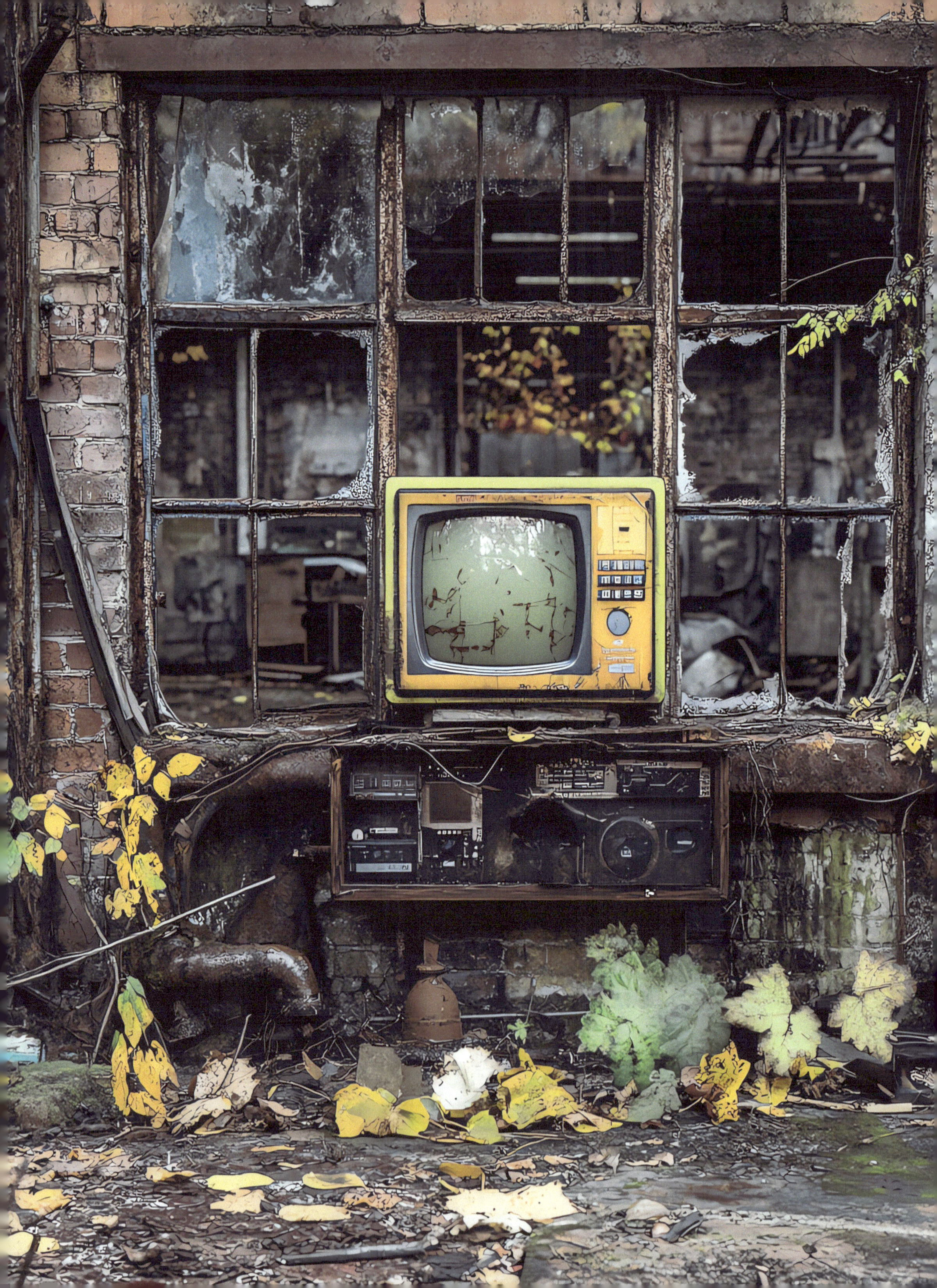

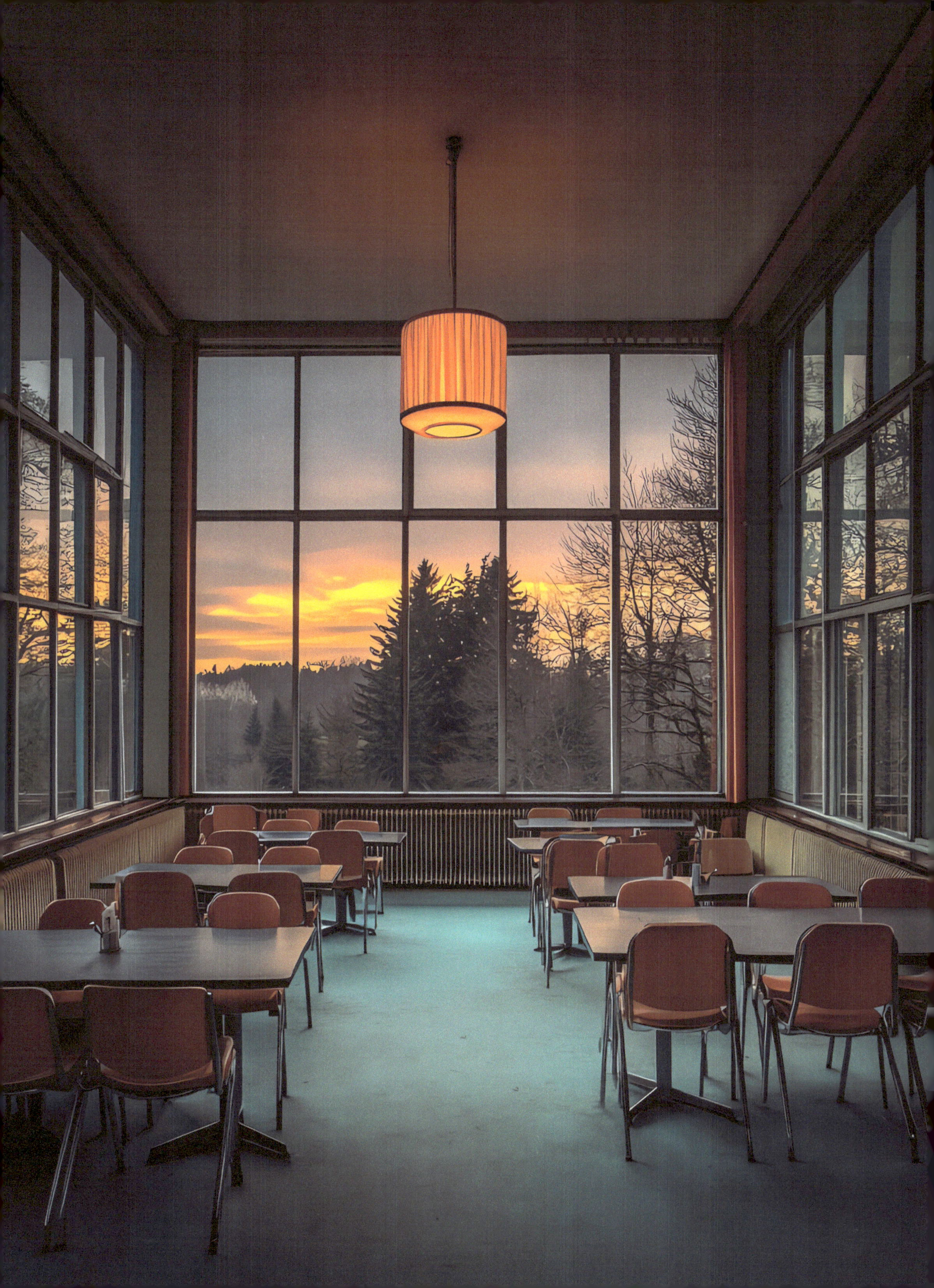

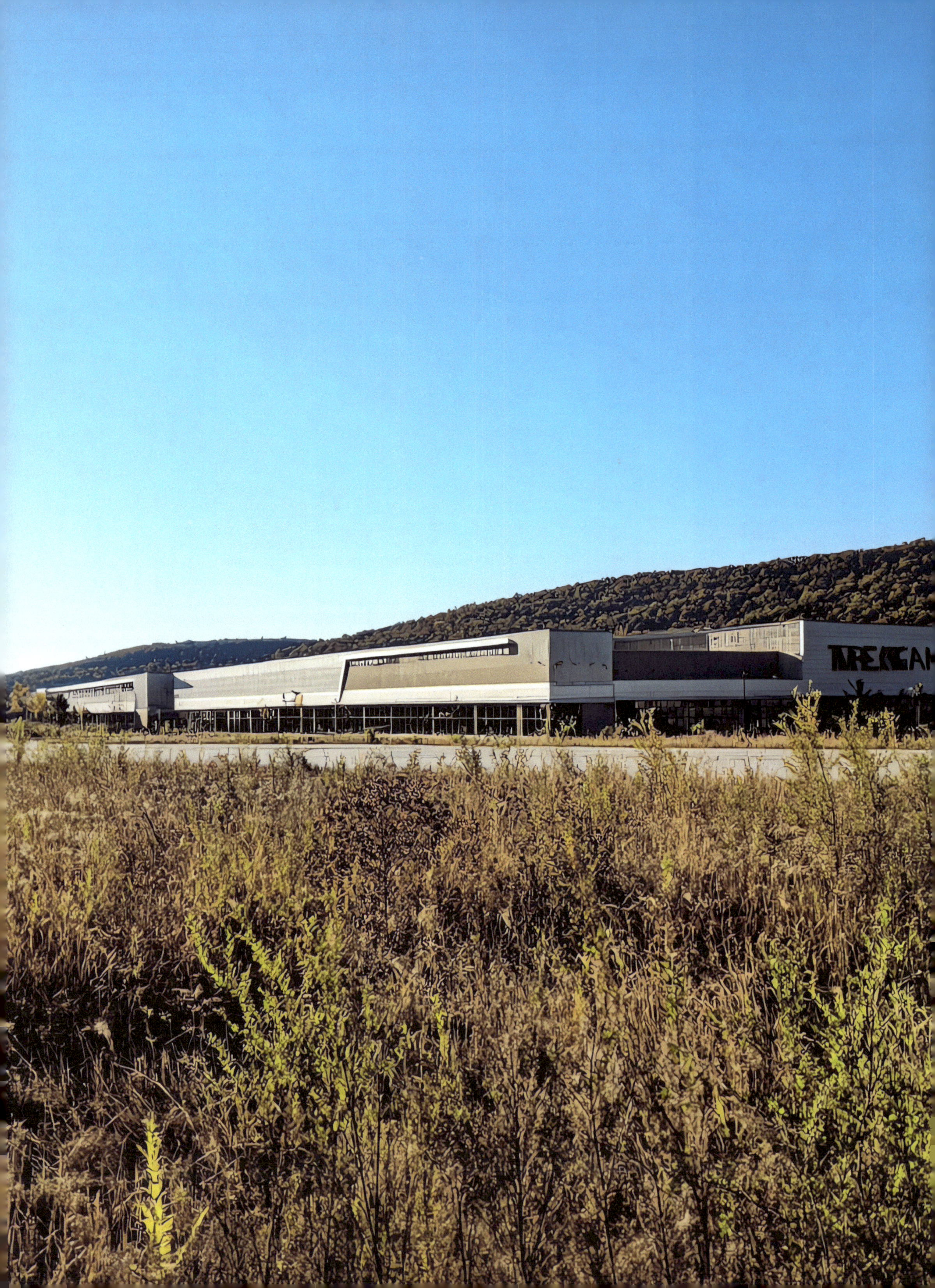

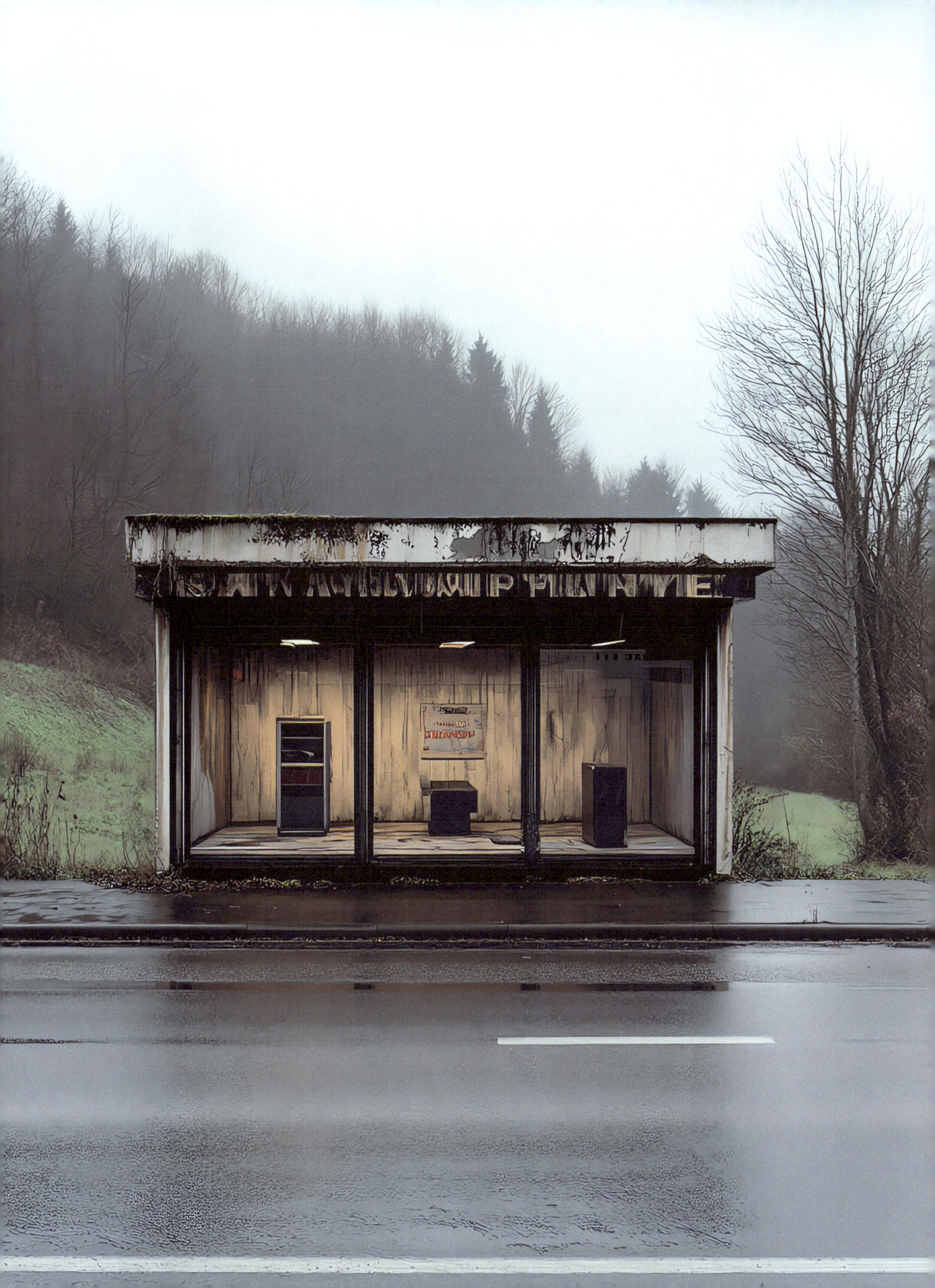

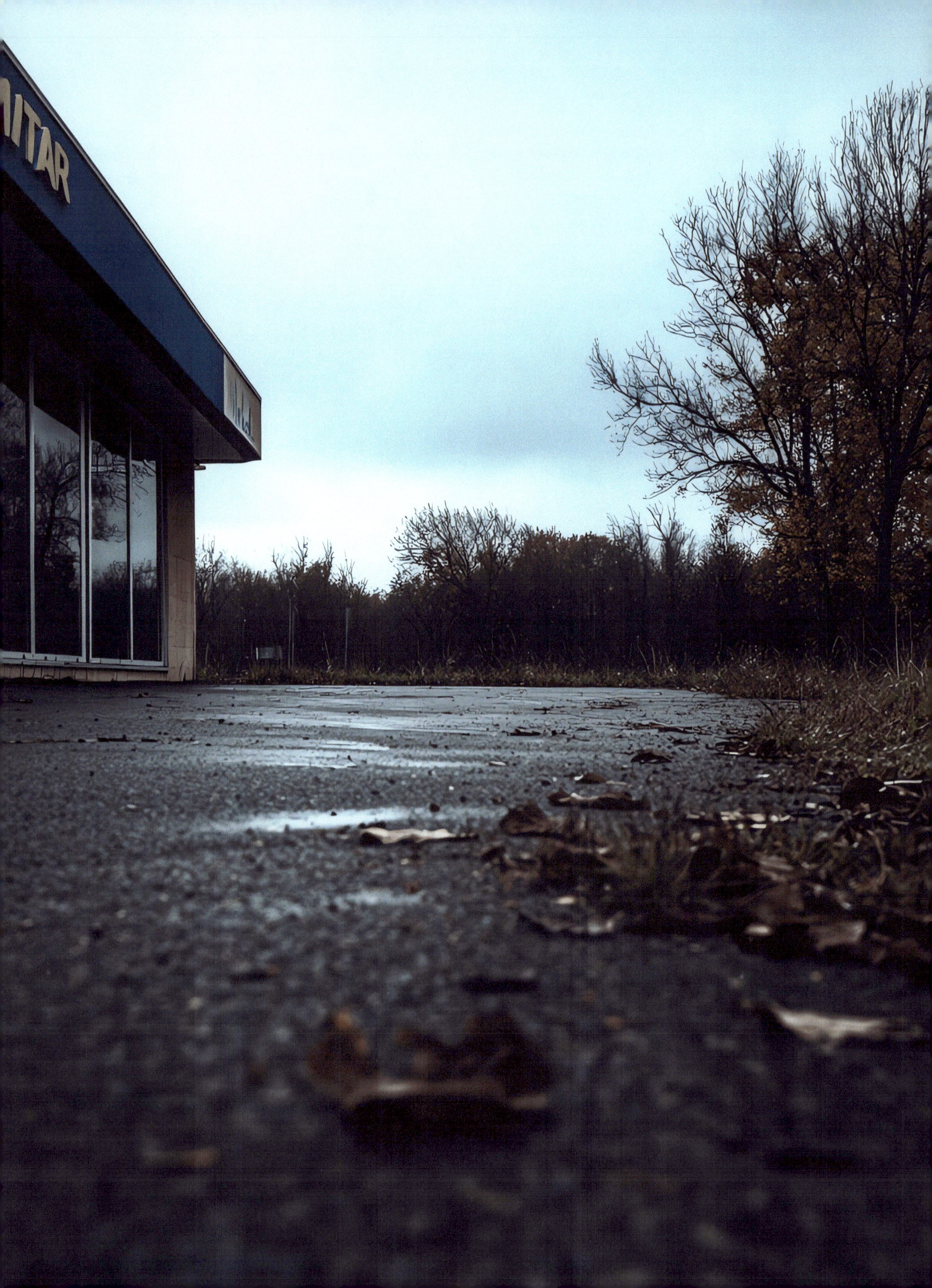

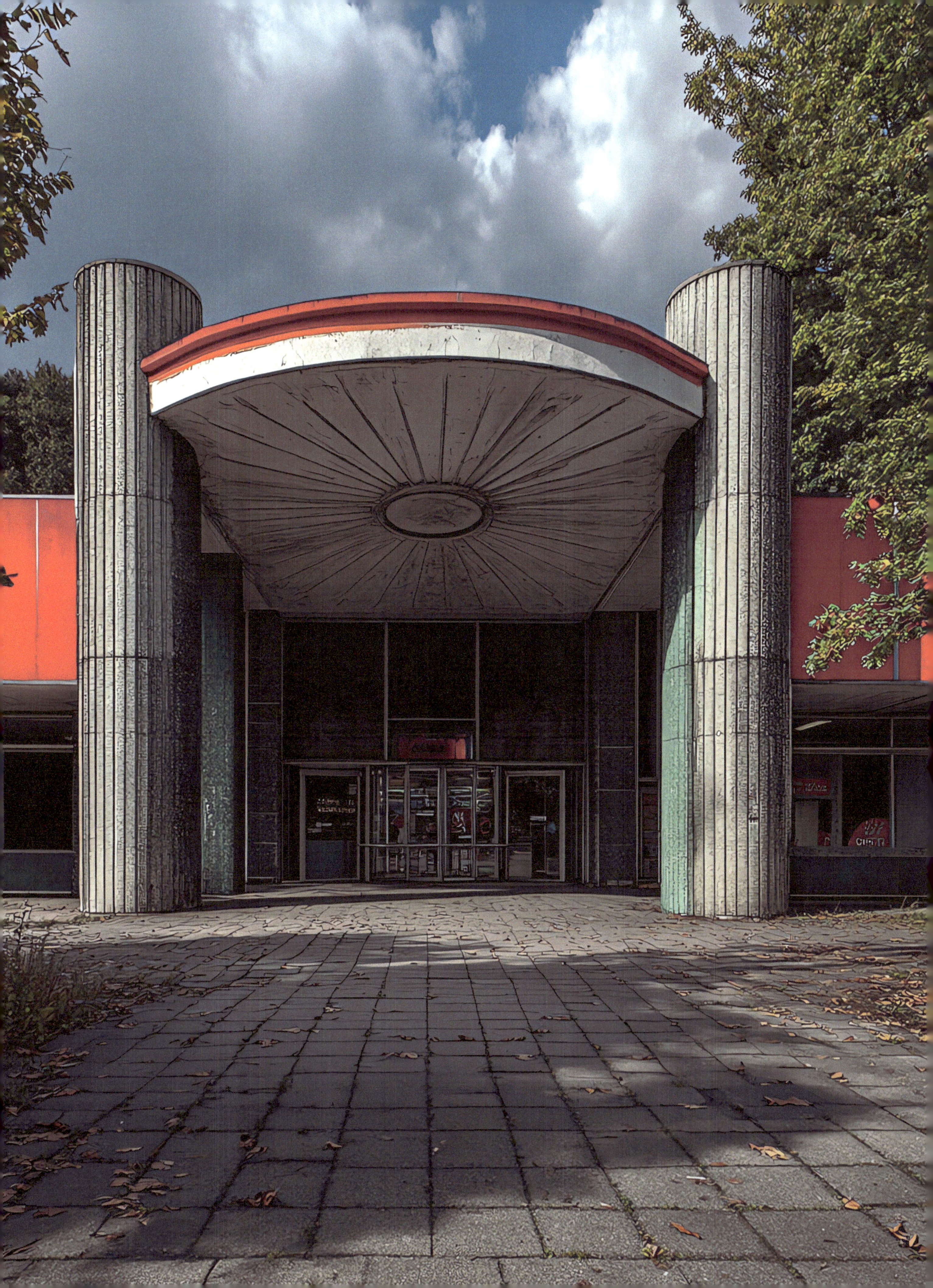

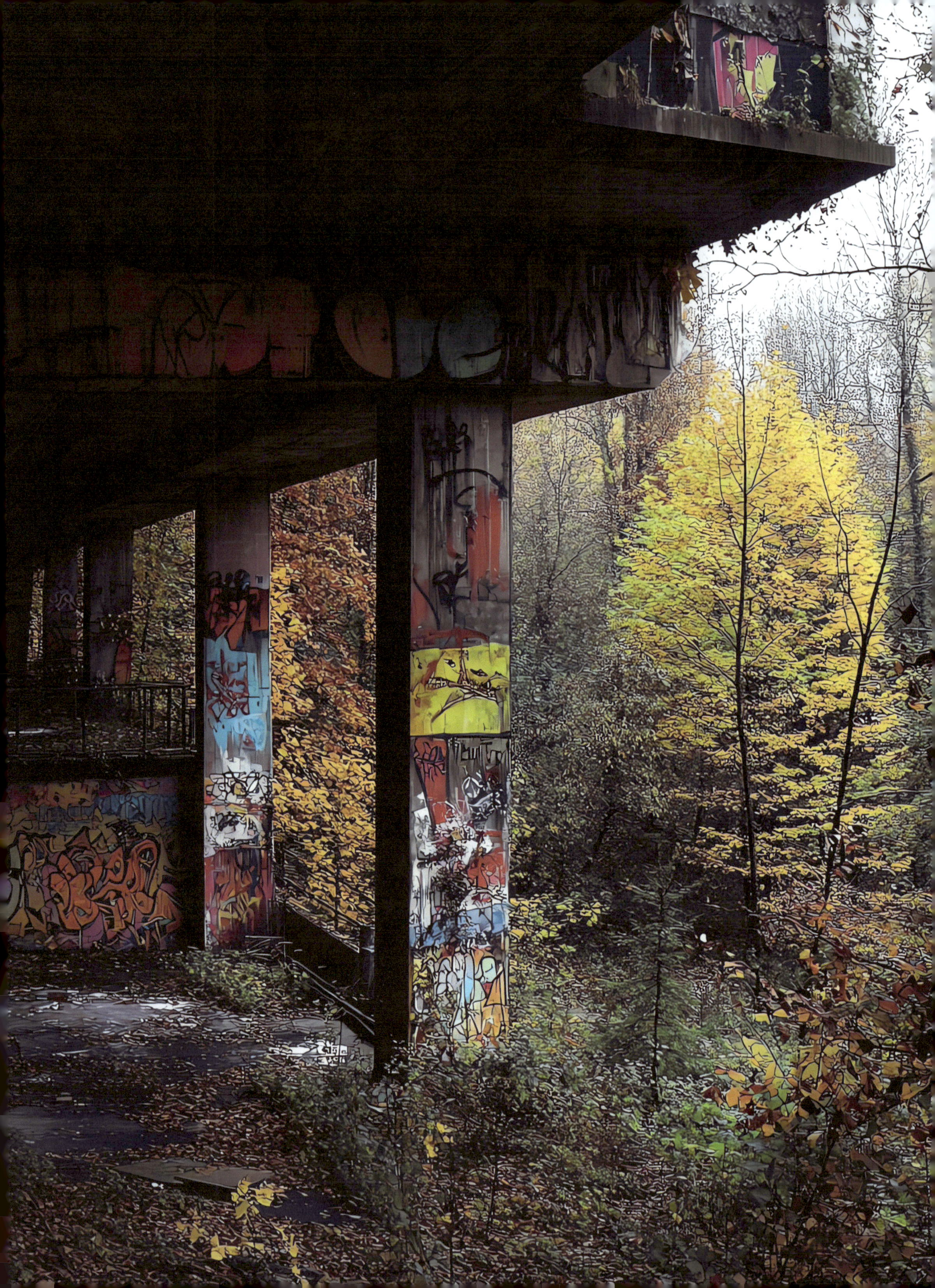

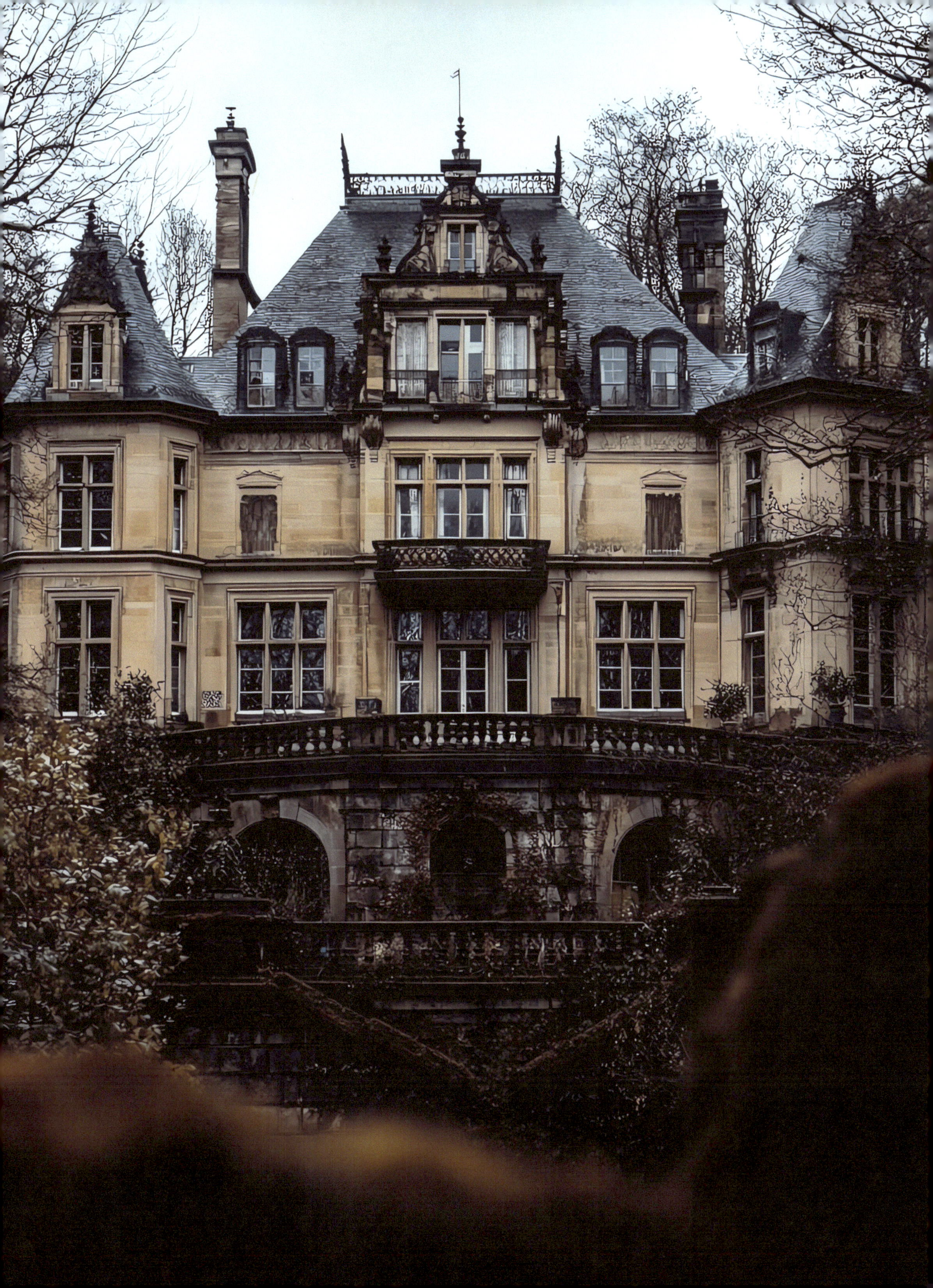

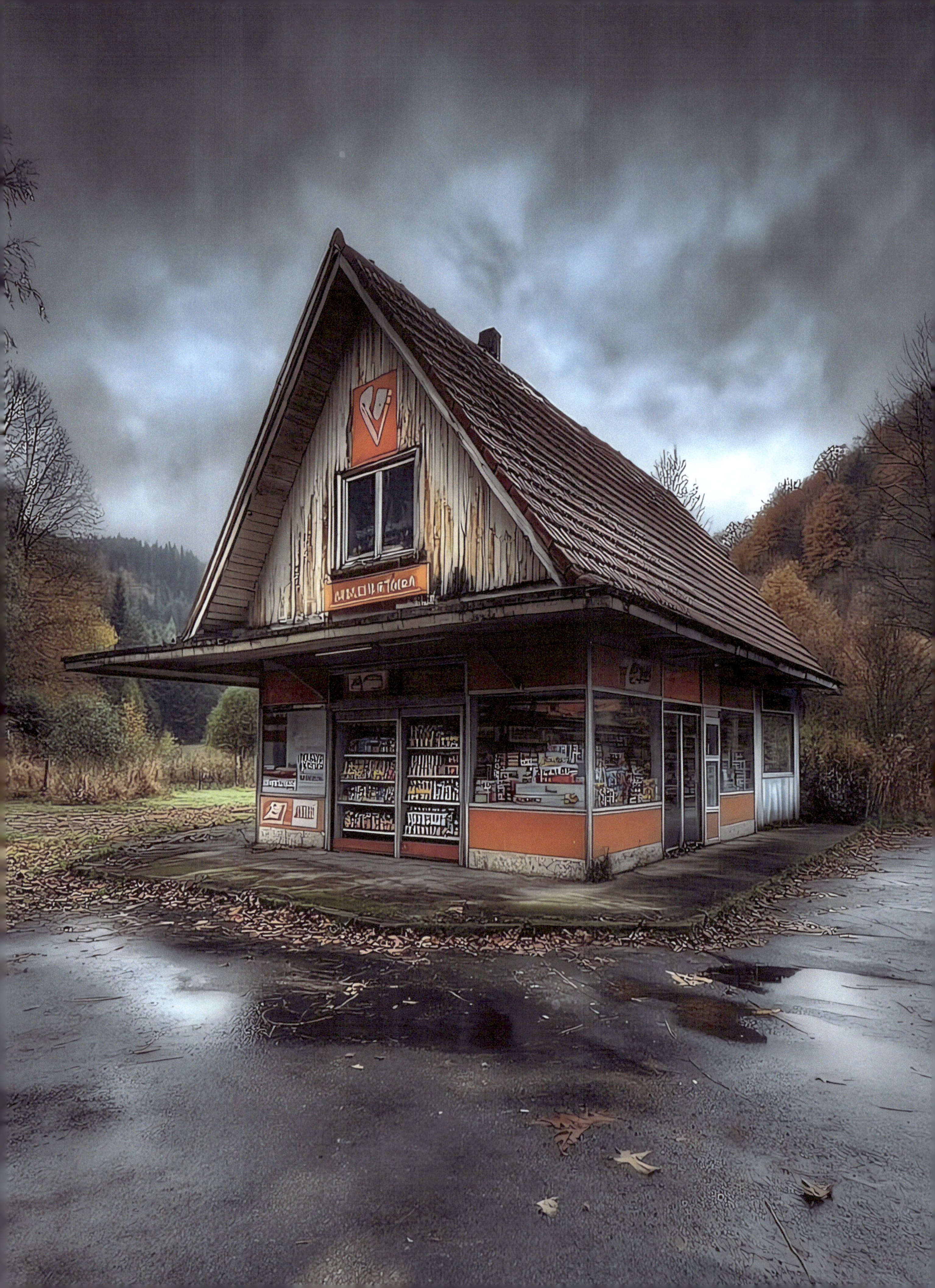

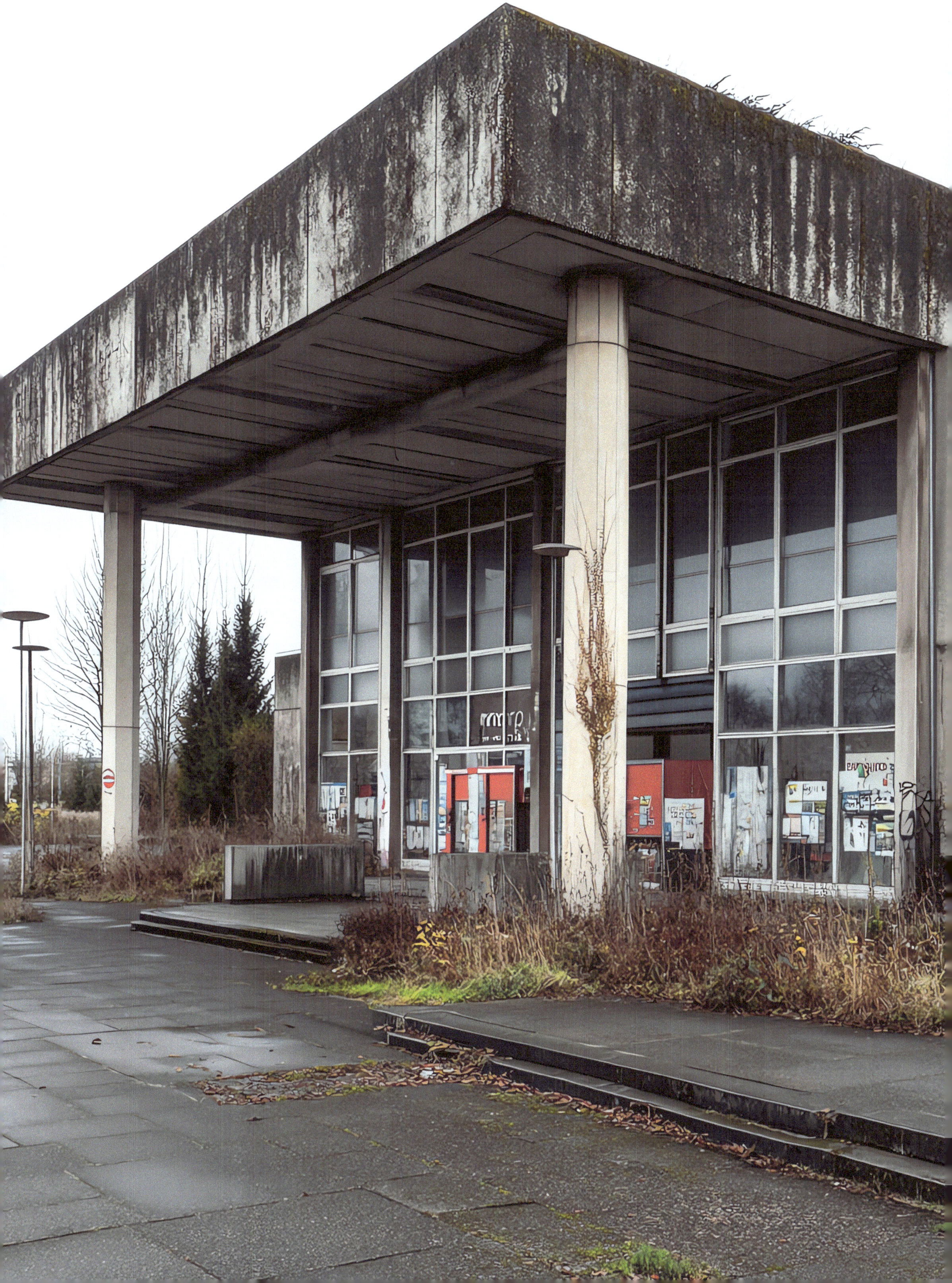

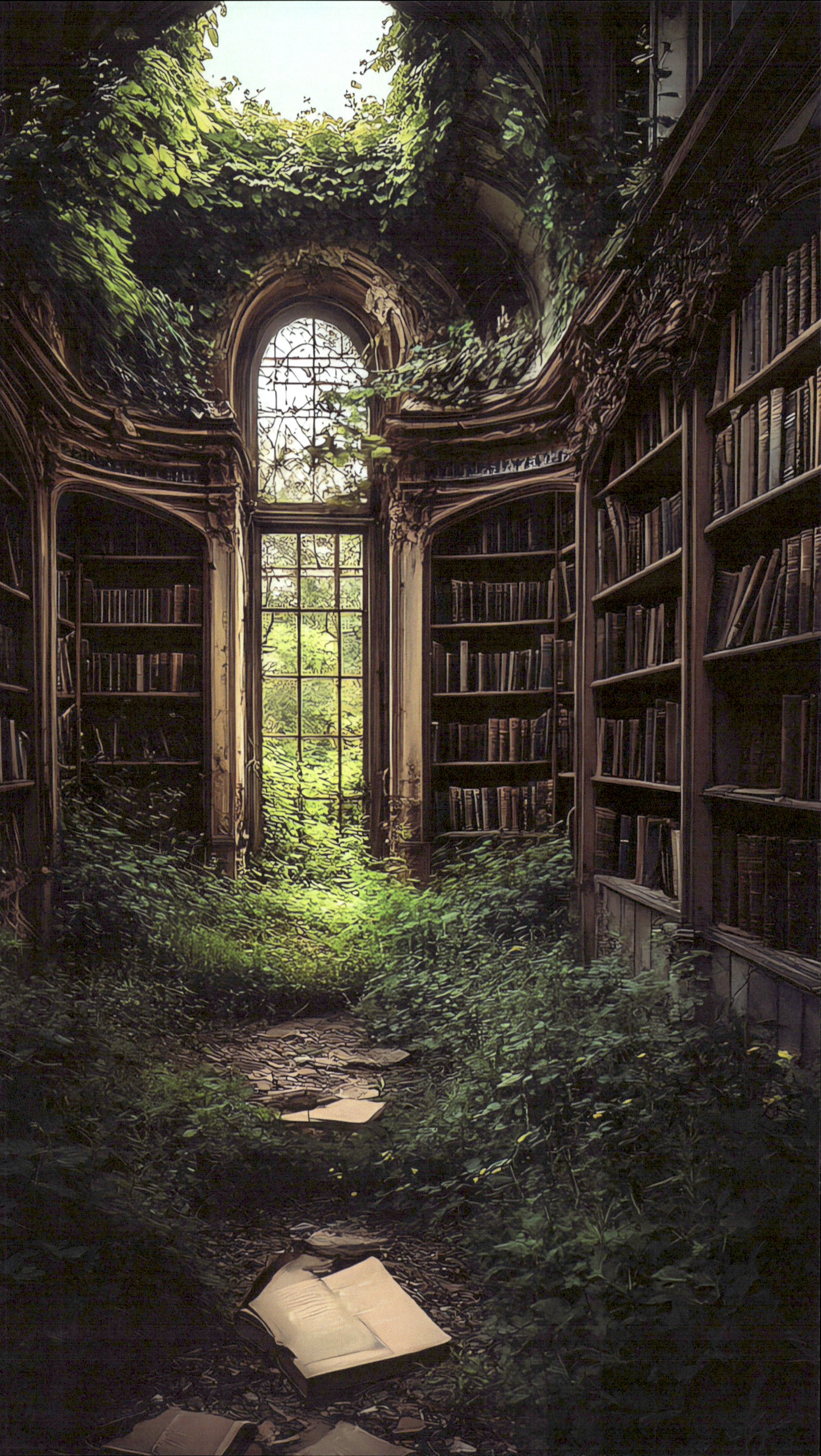

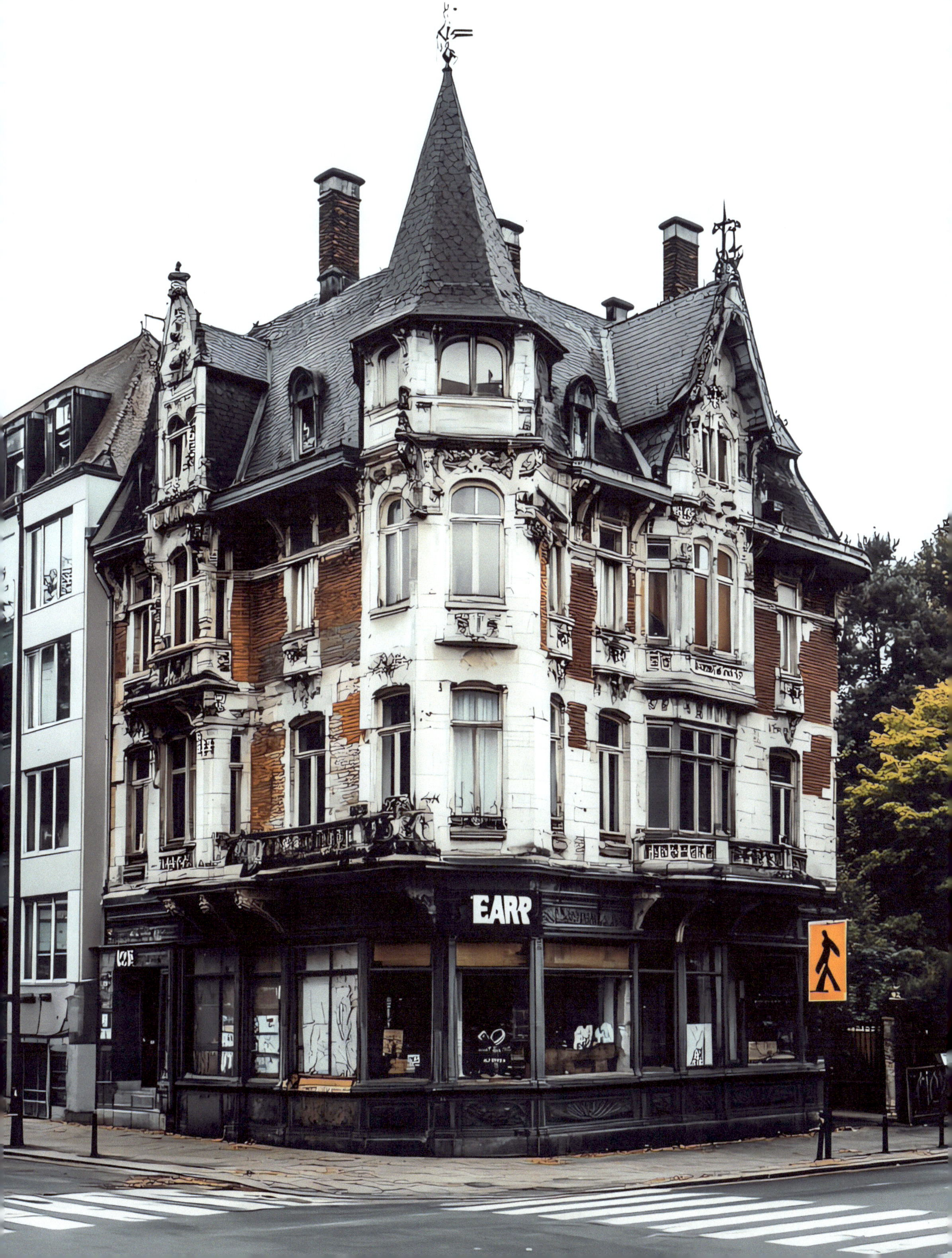
EARR

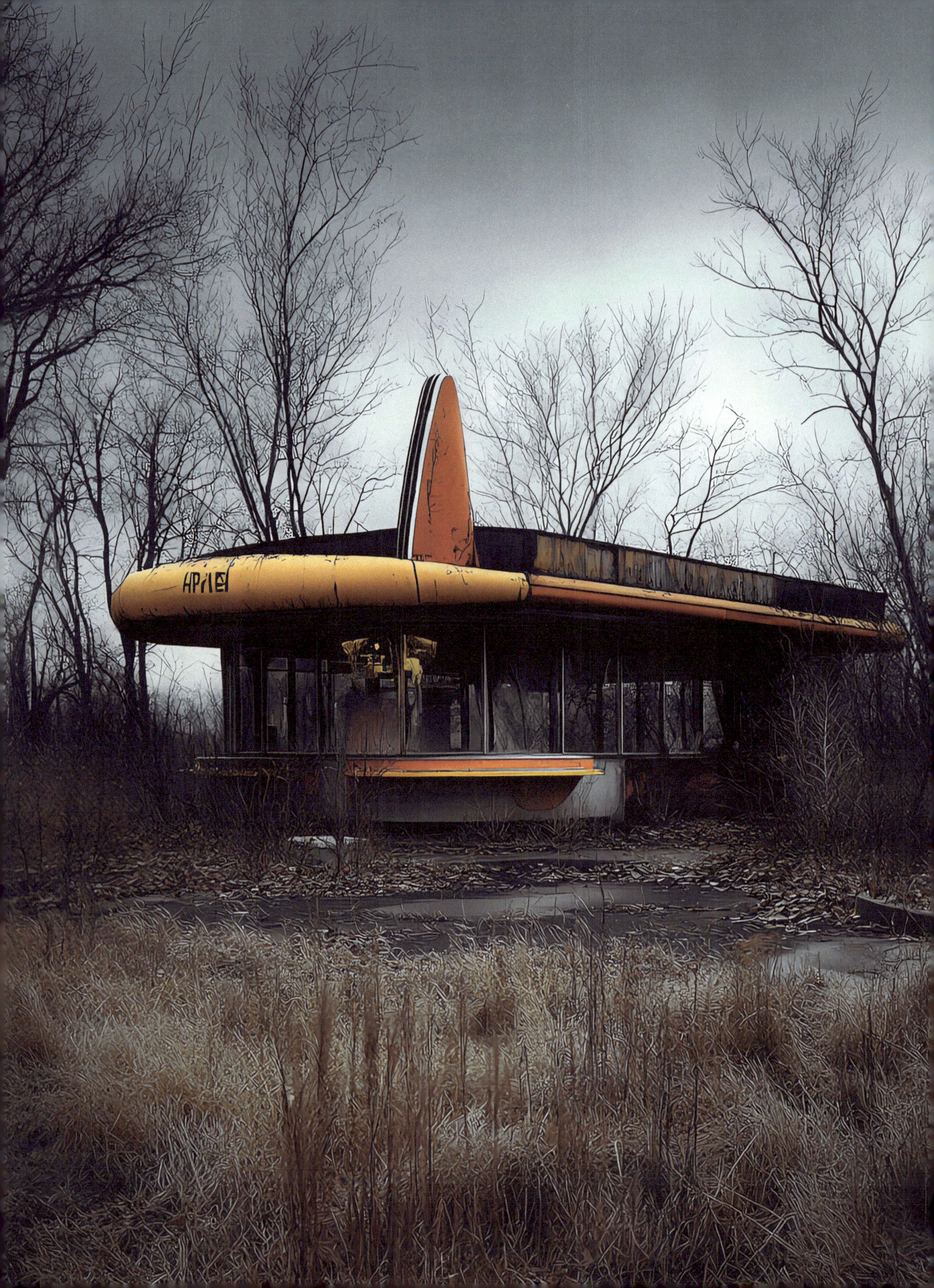

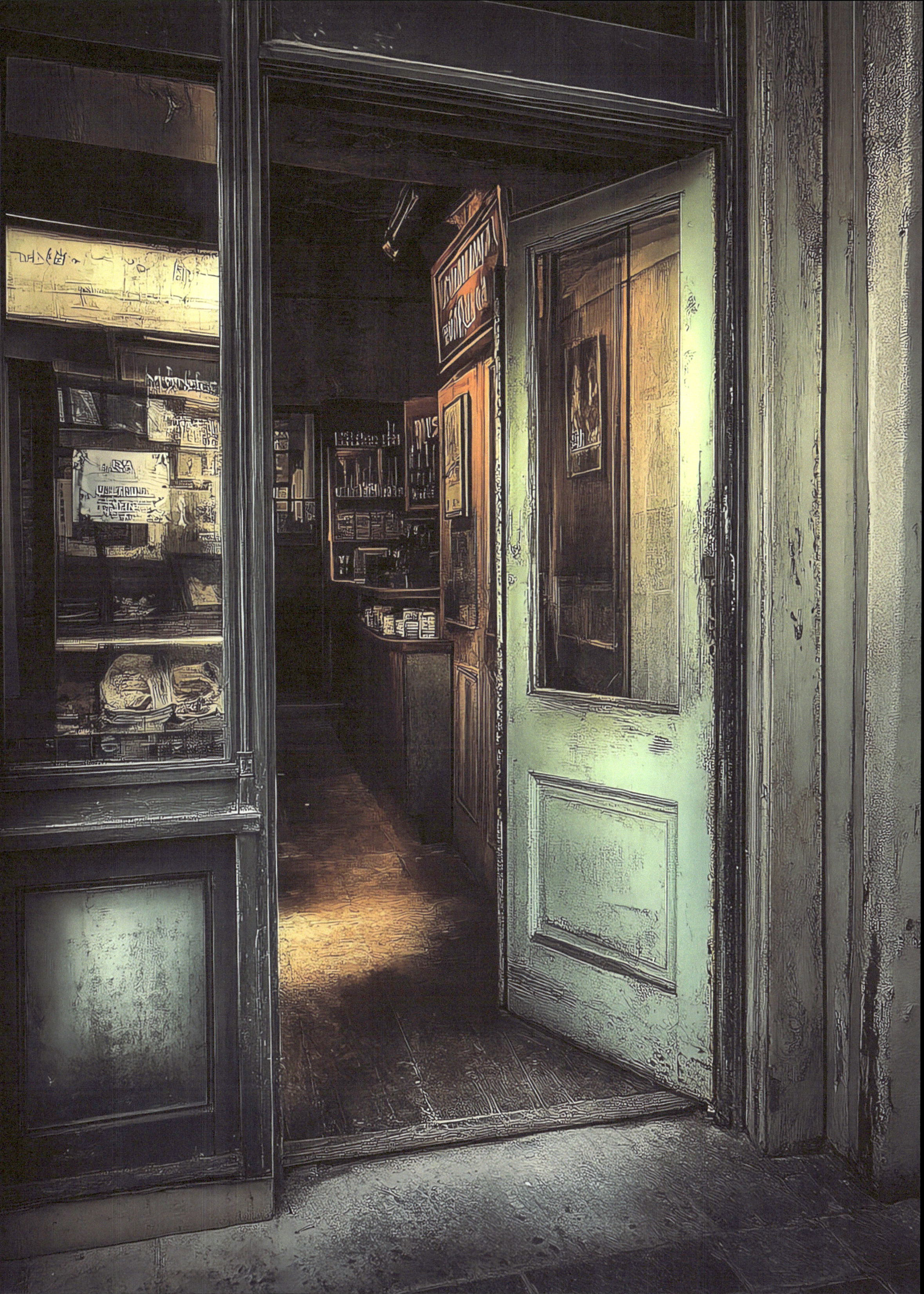

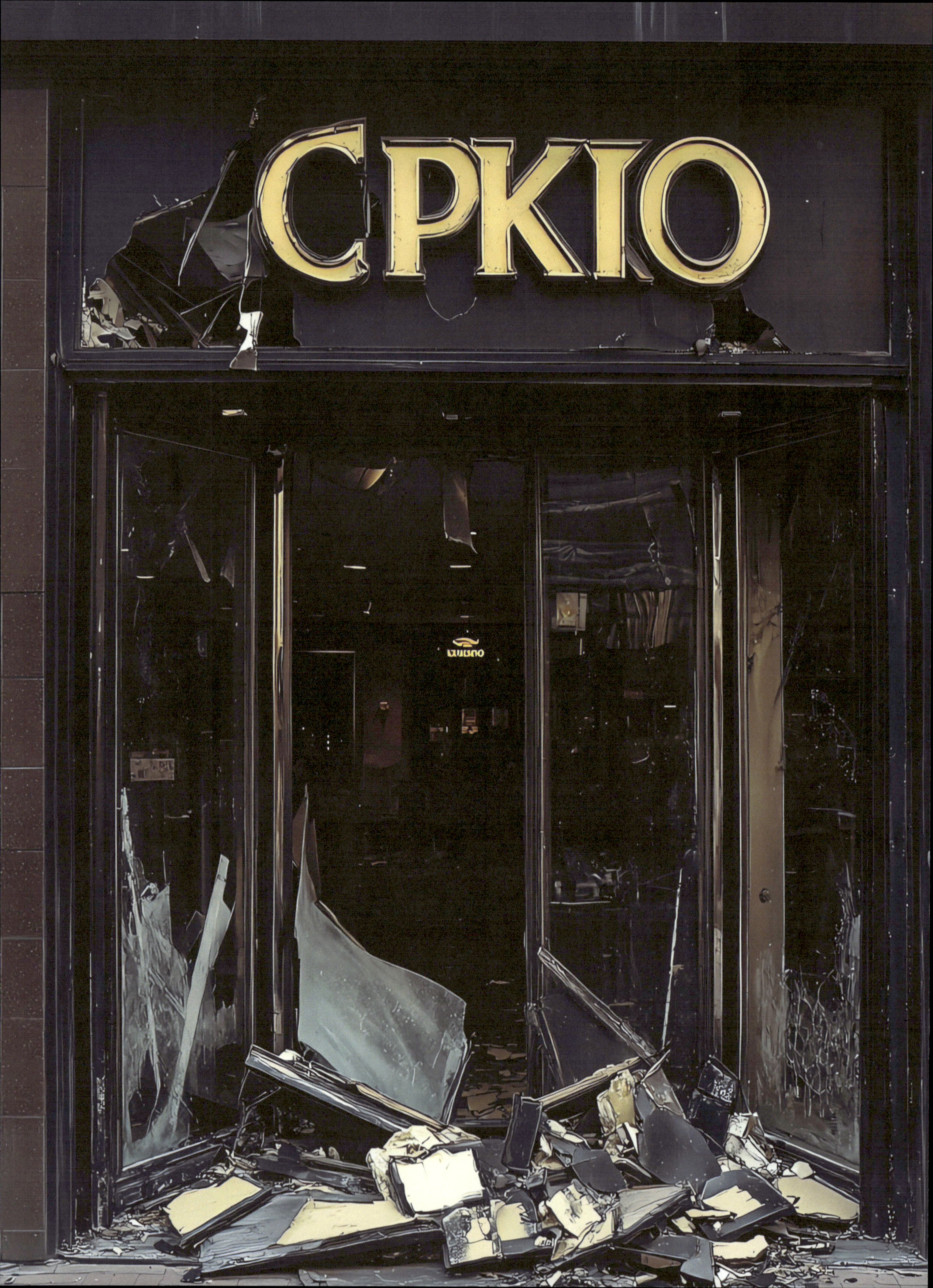
CPKIO

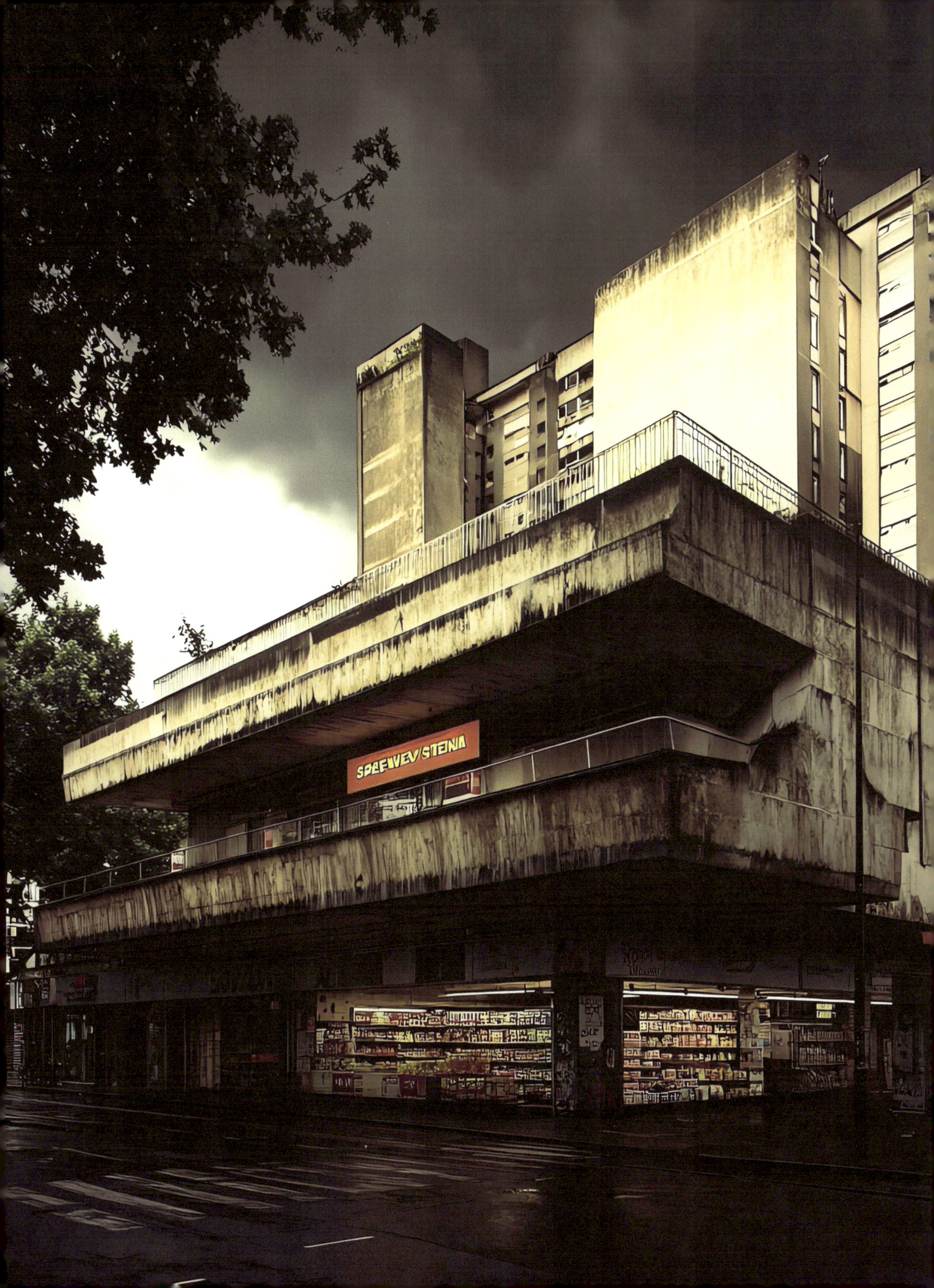

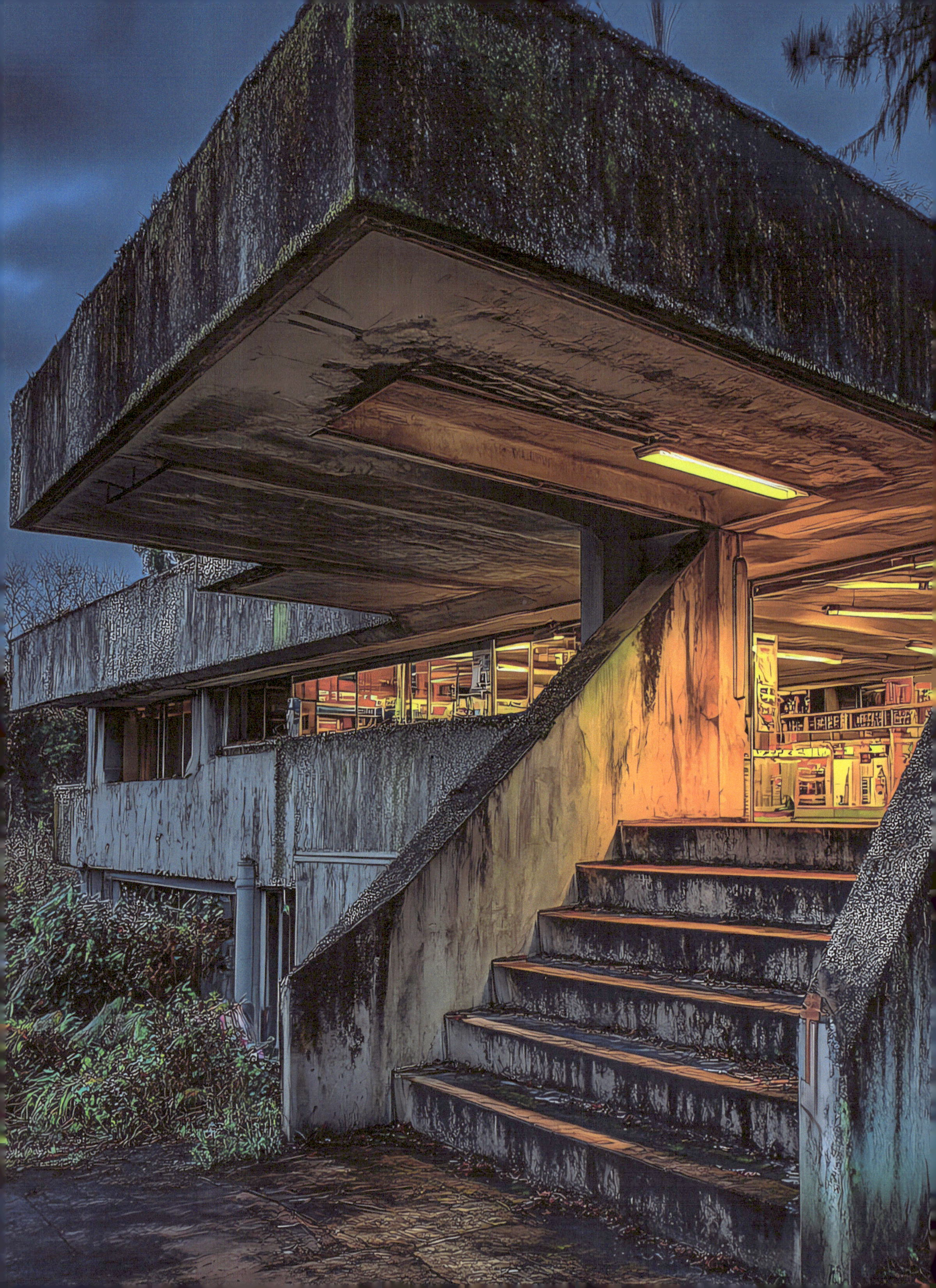

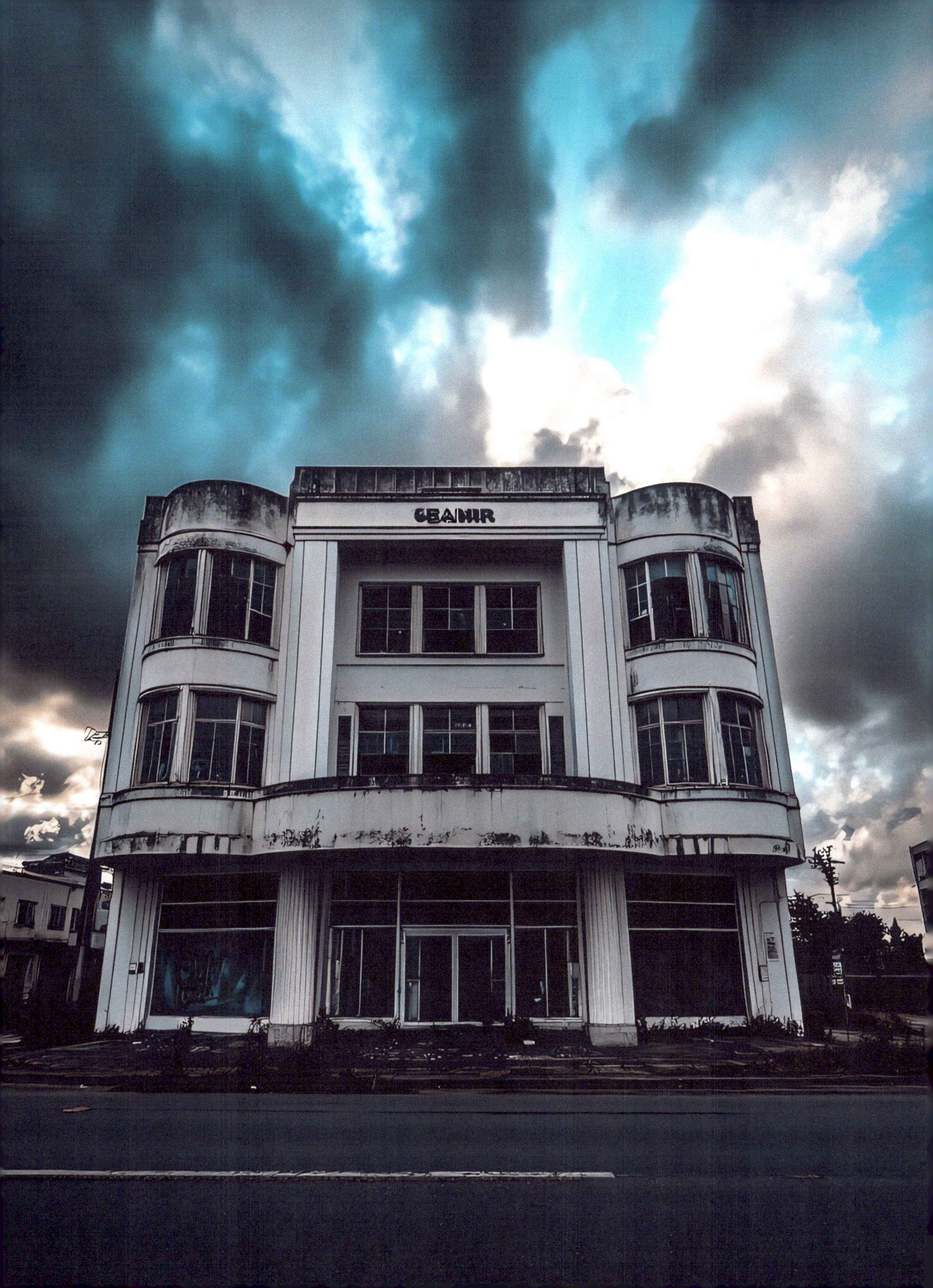

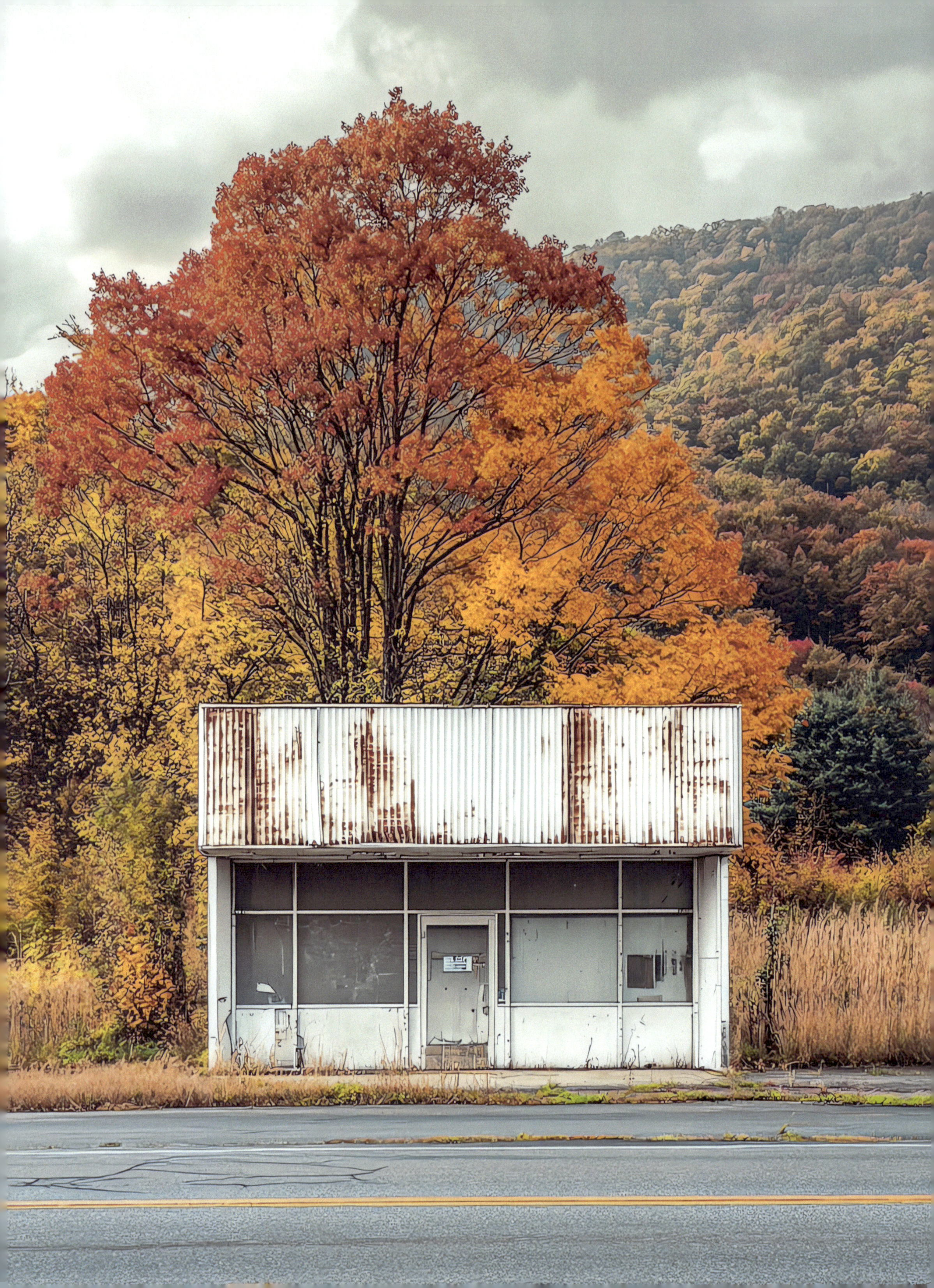

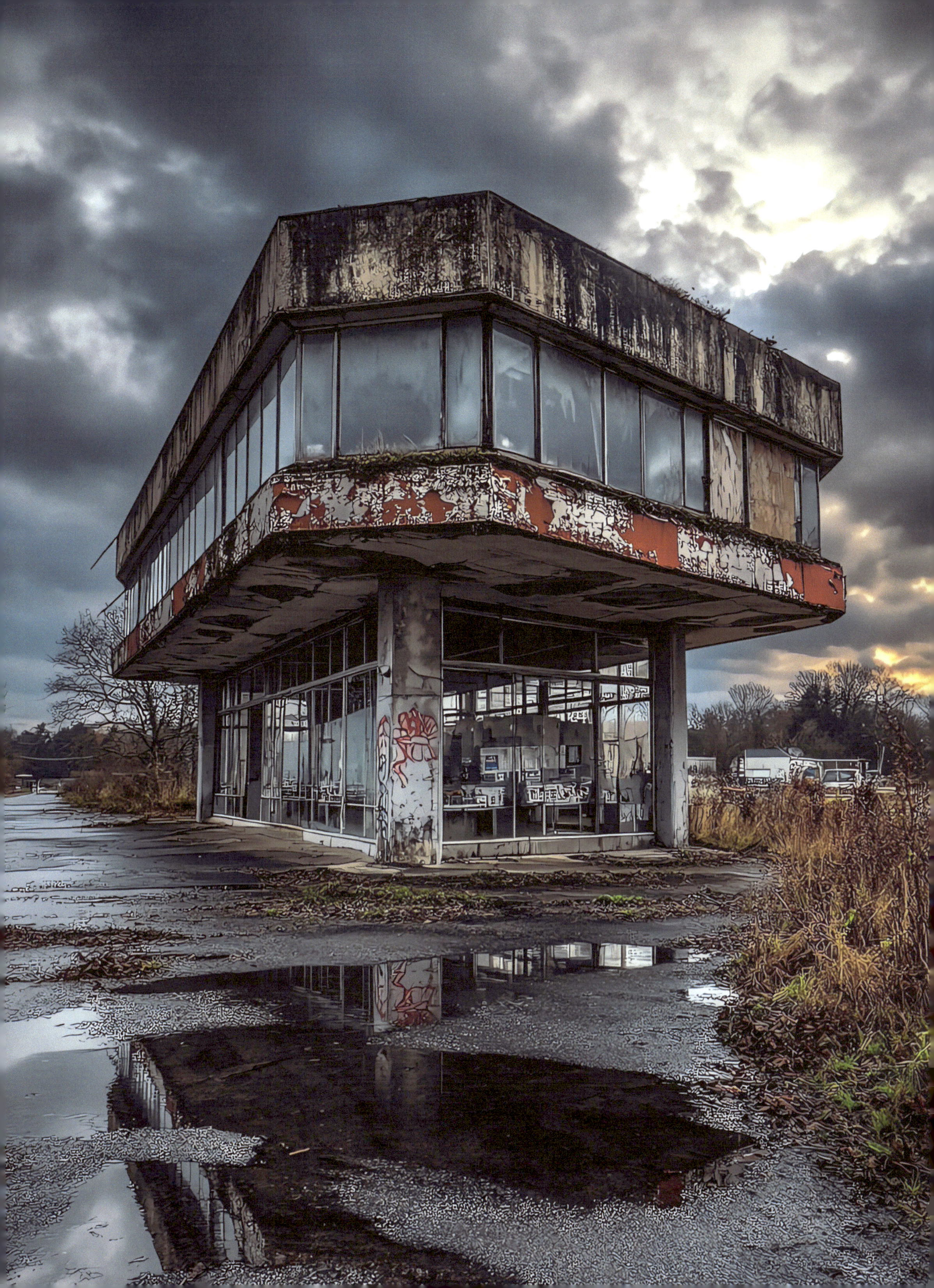

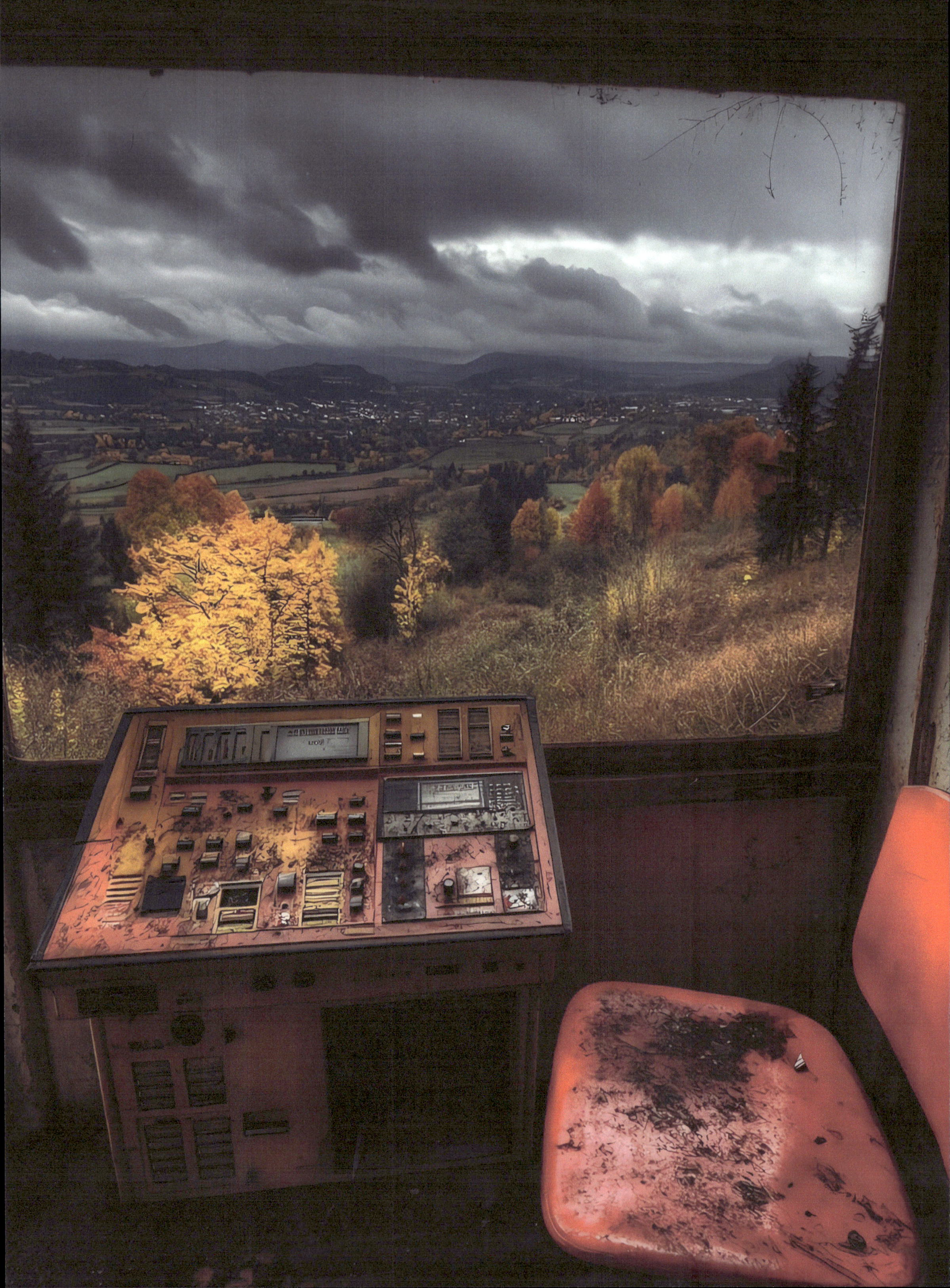

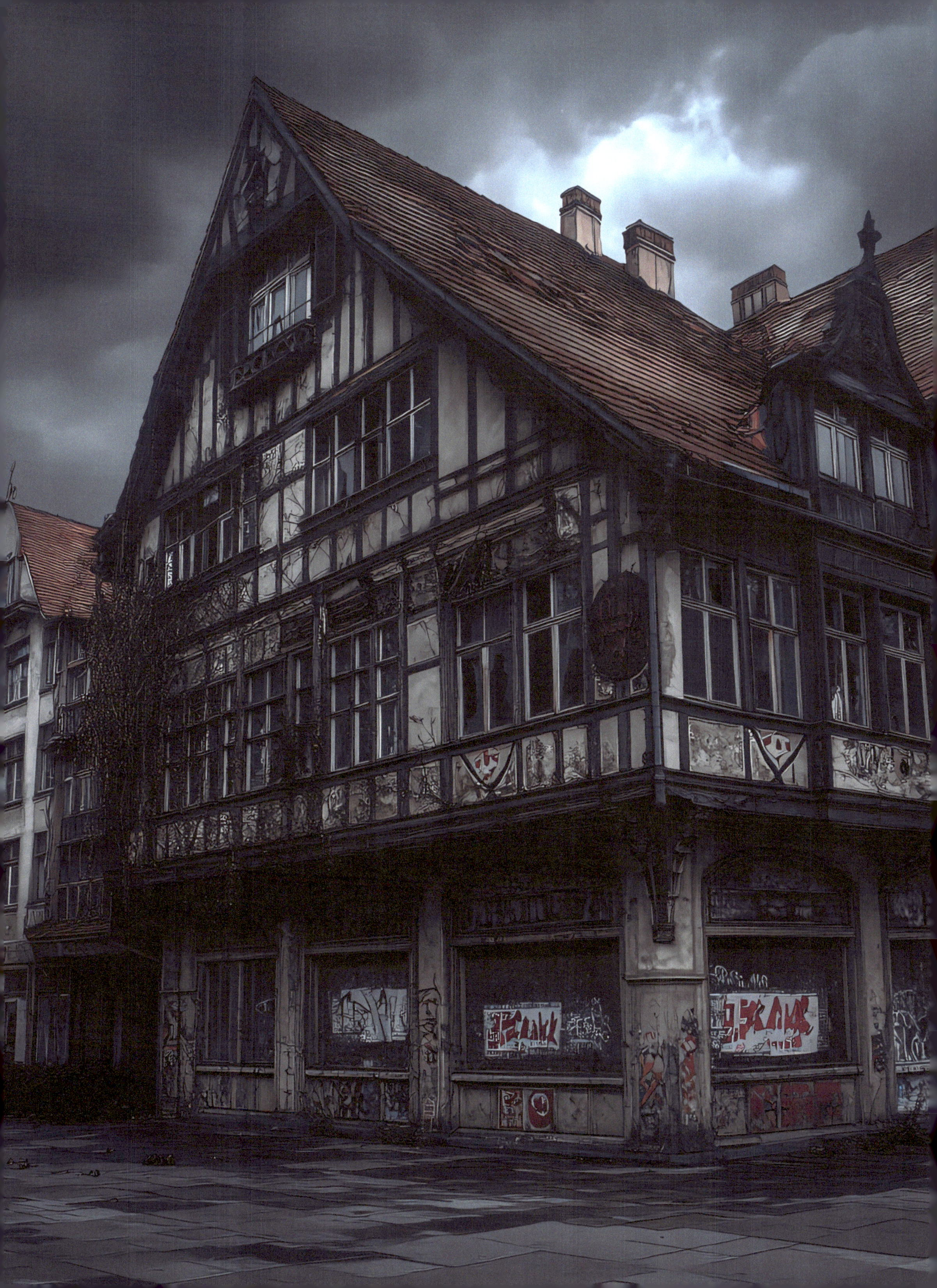

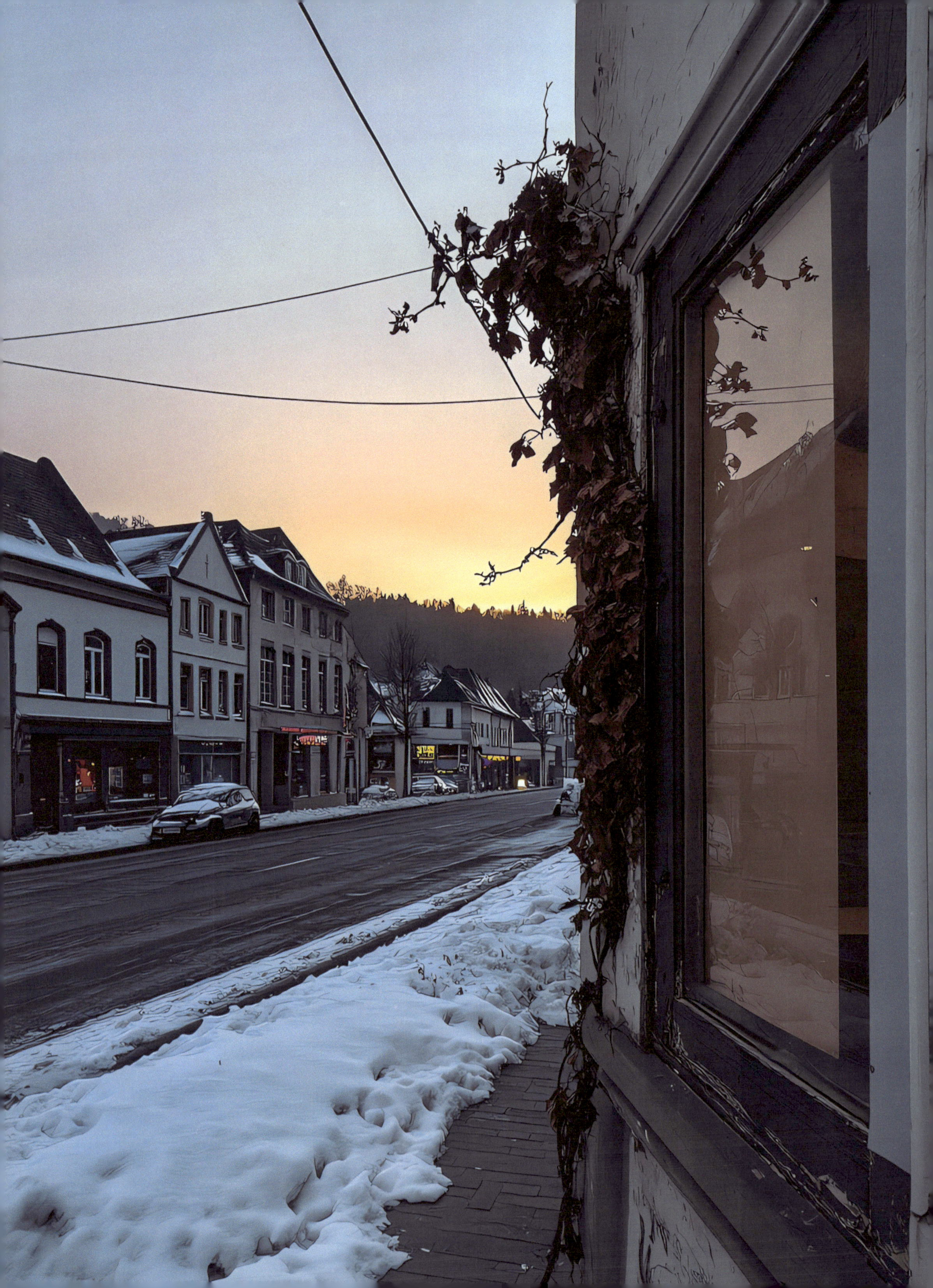

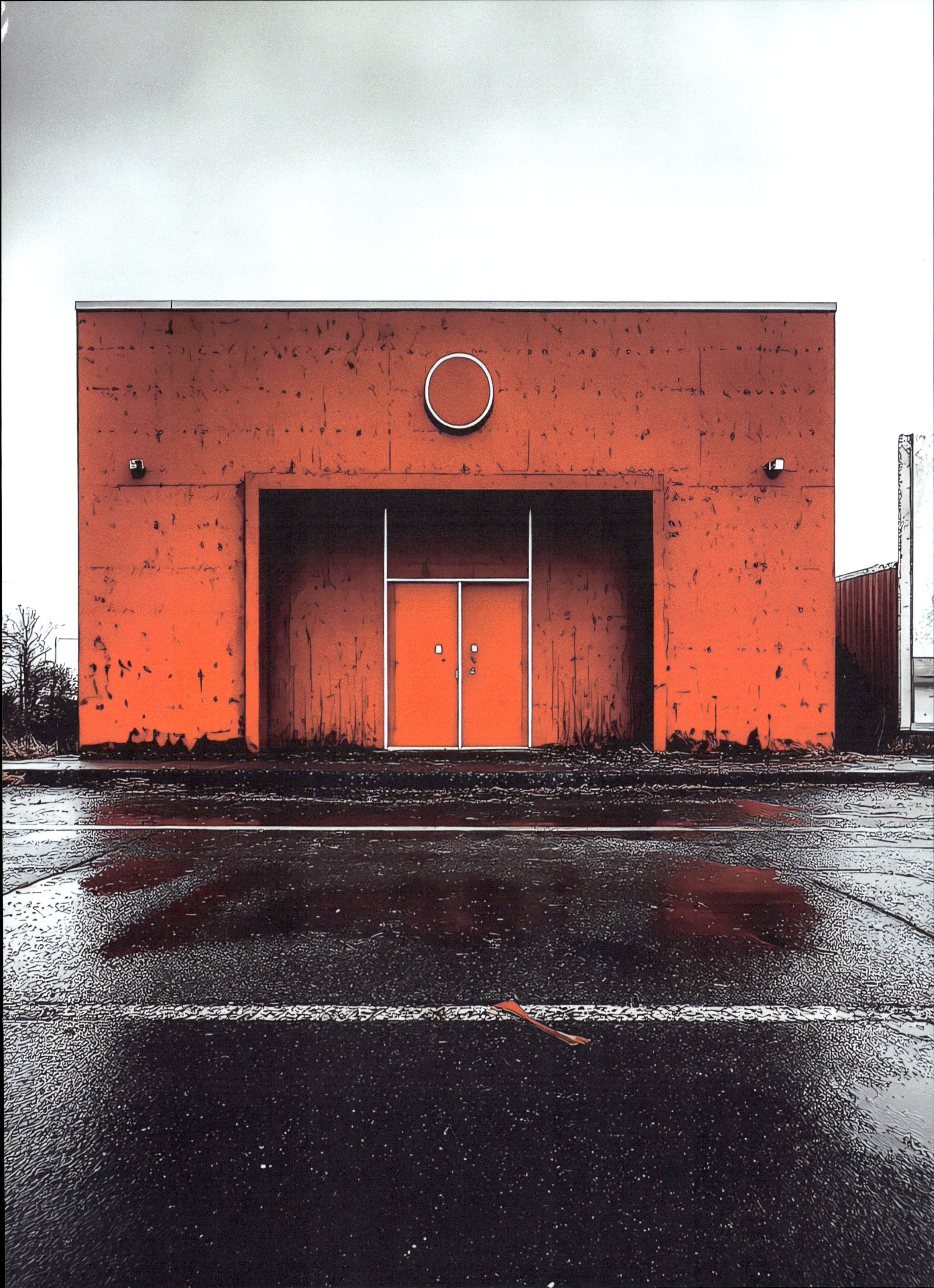

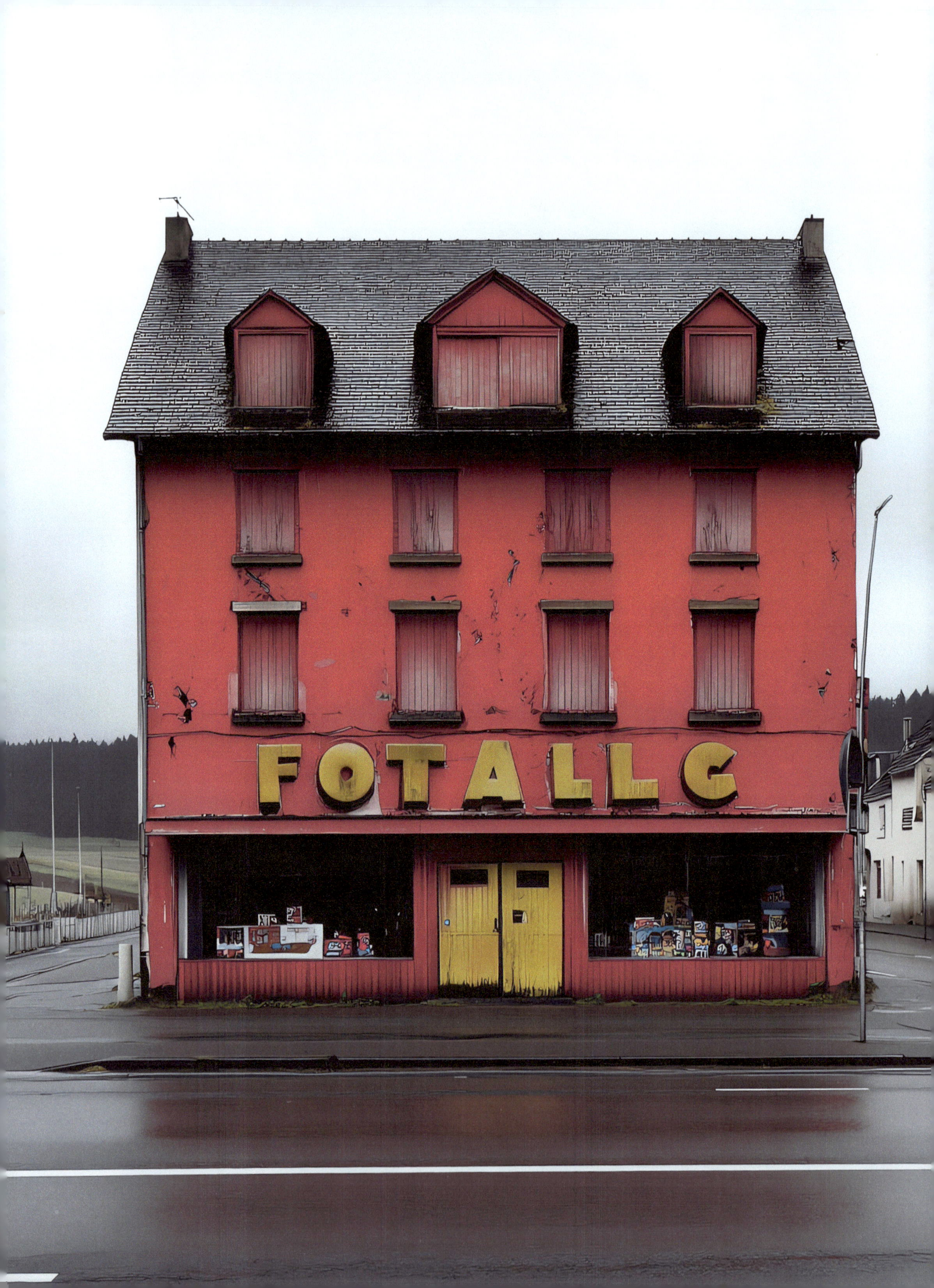
FOTALLC

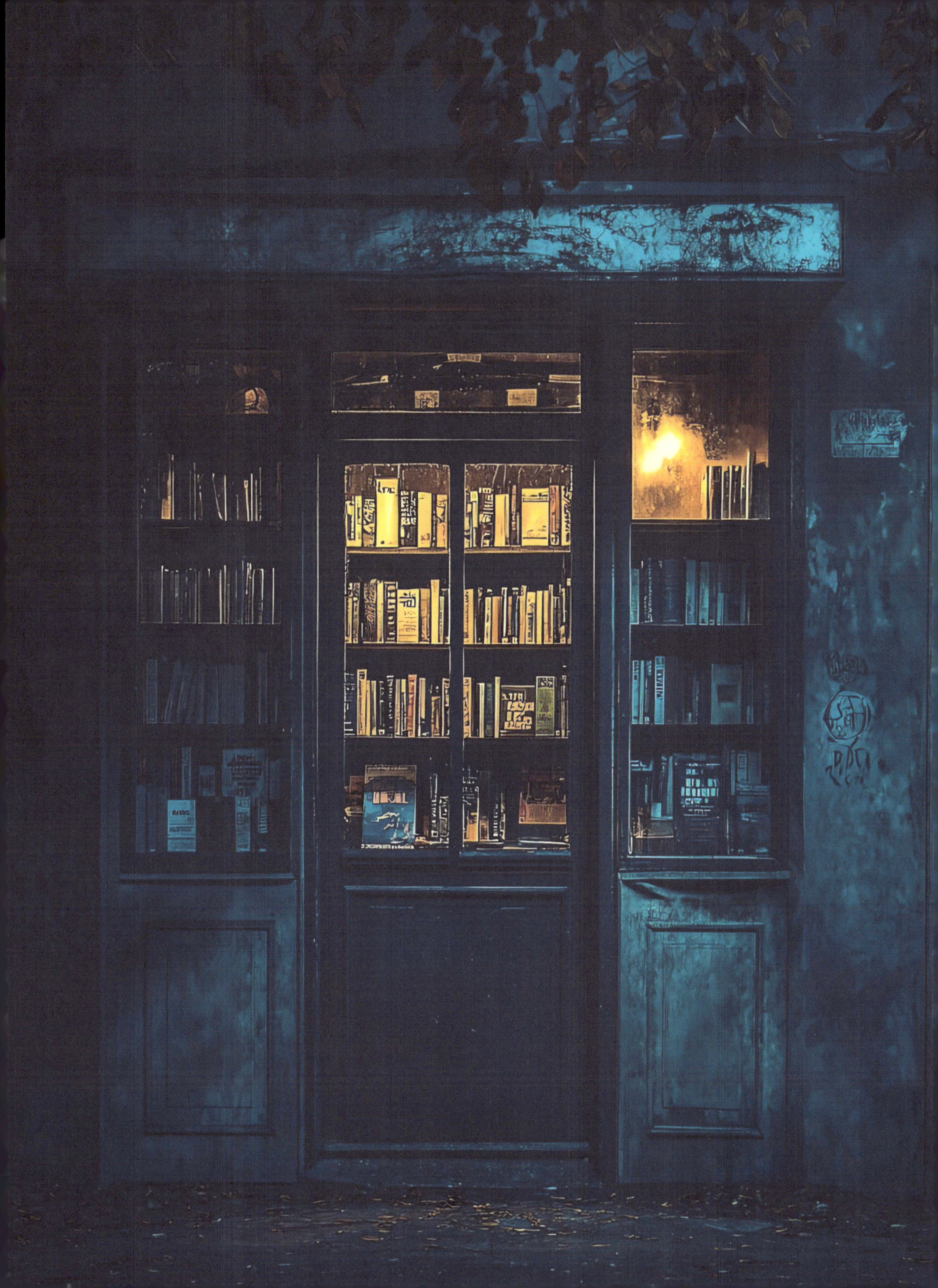

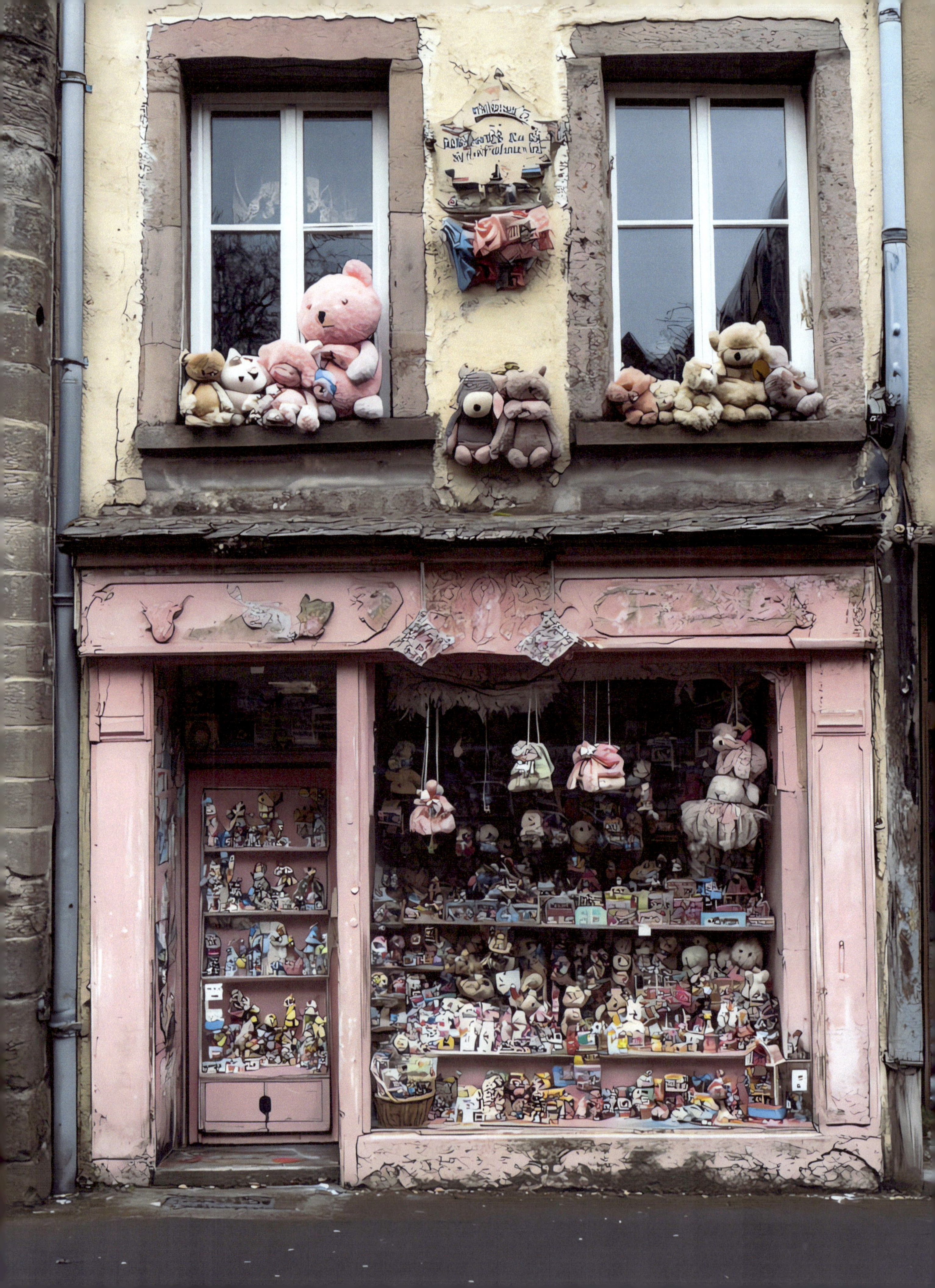

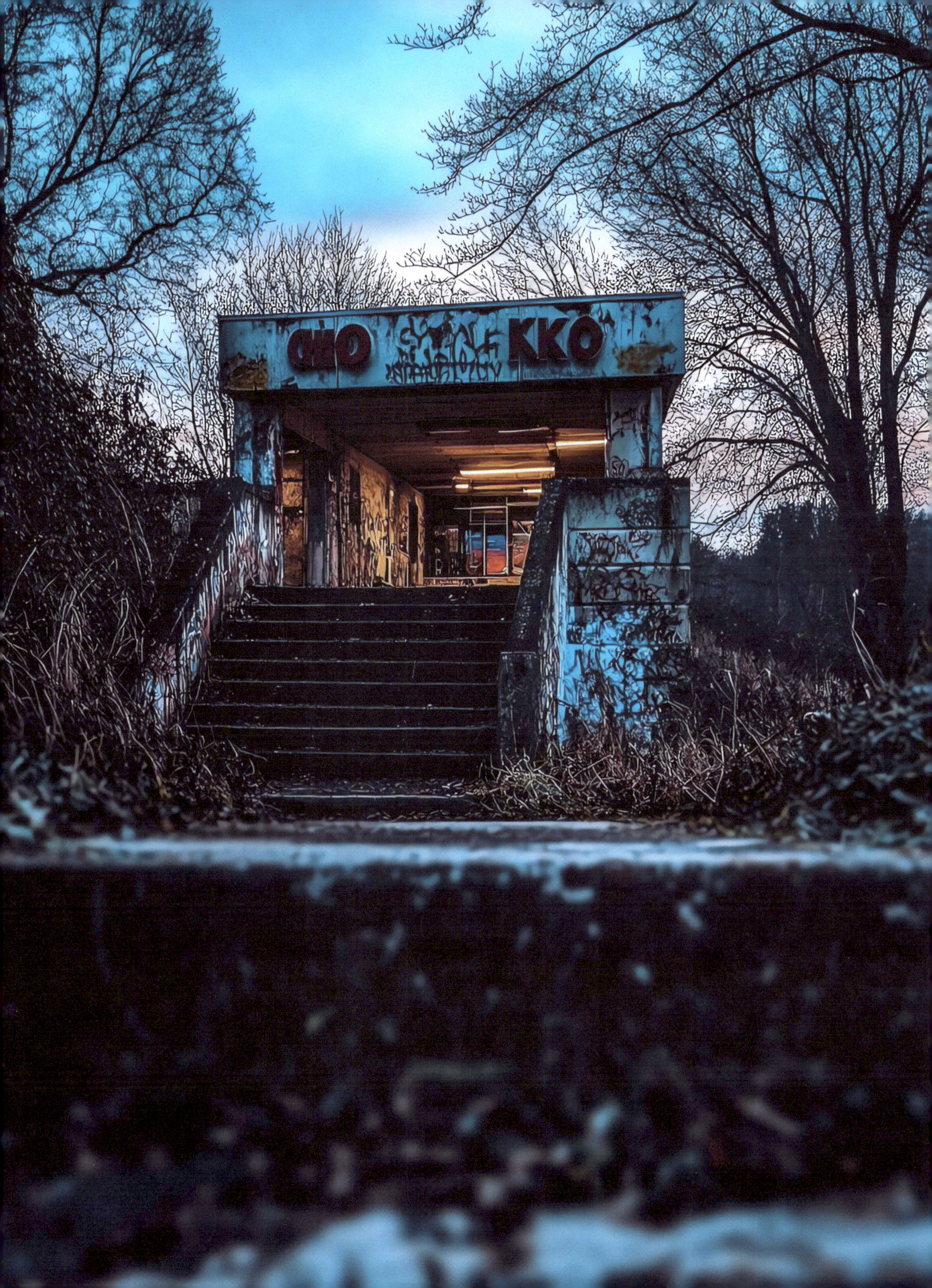

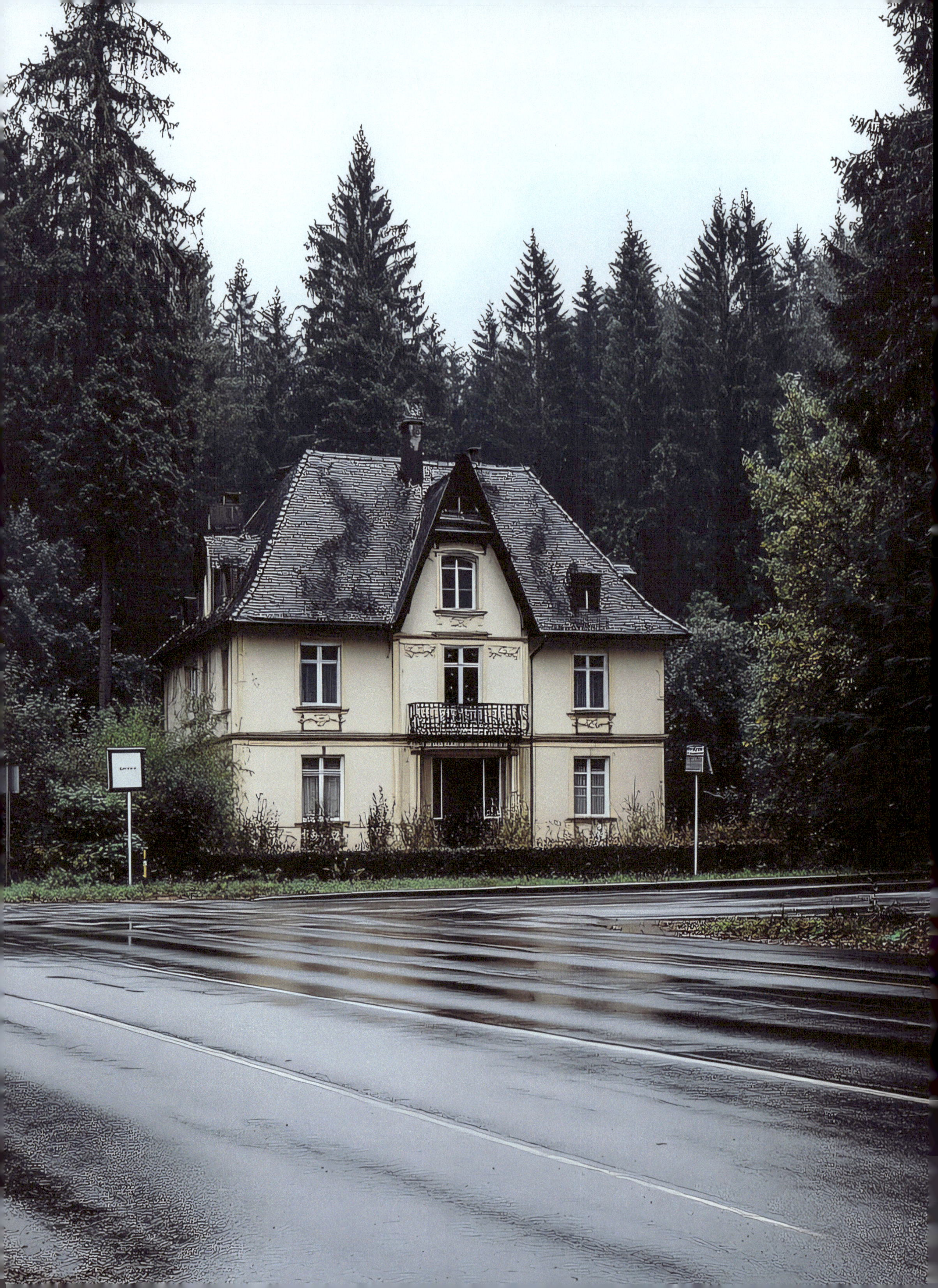

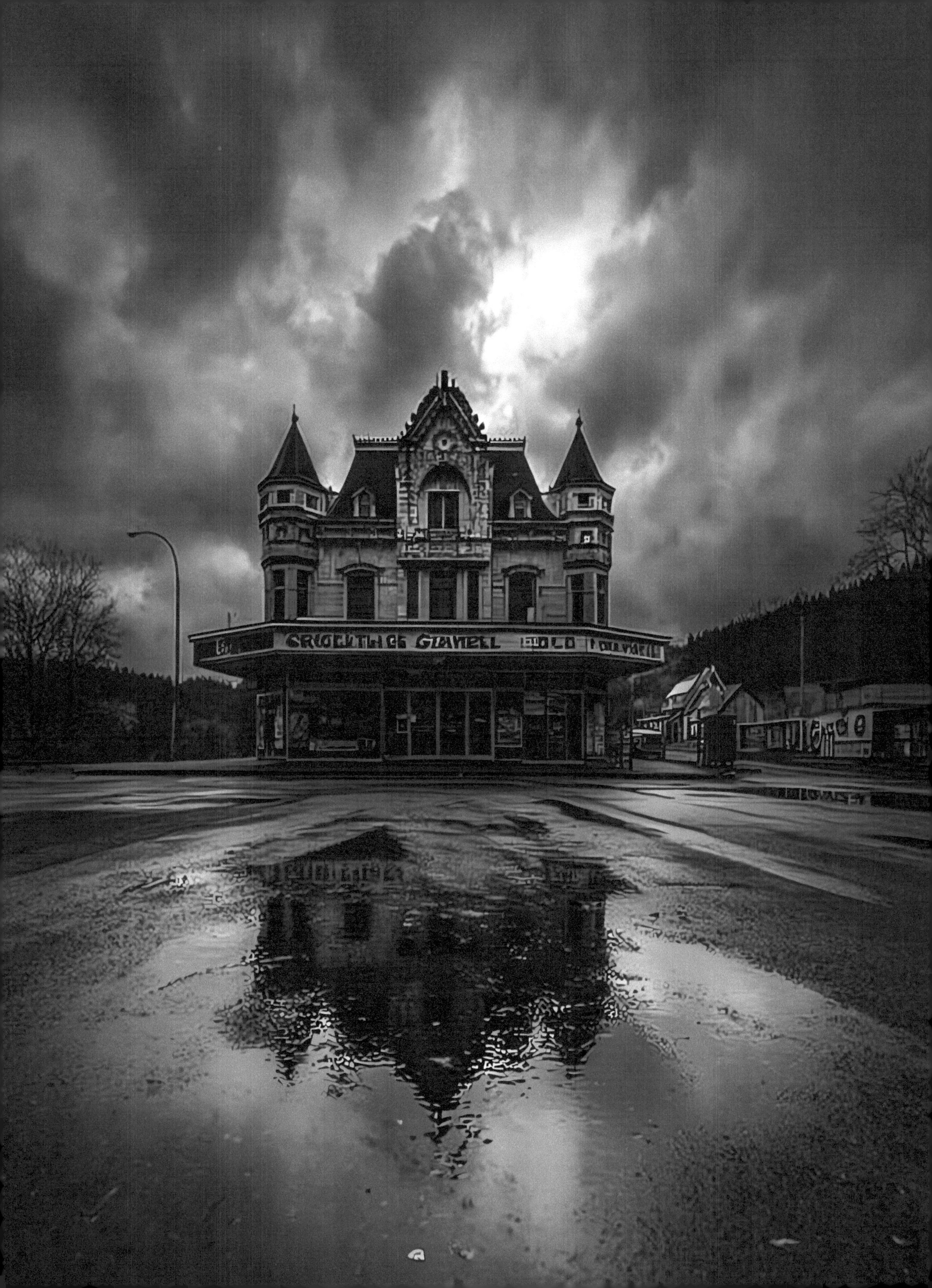

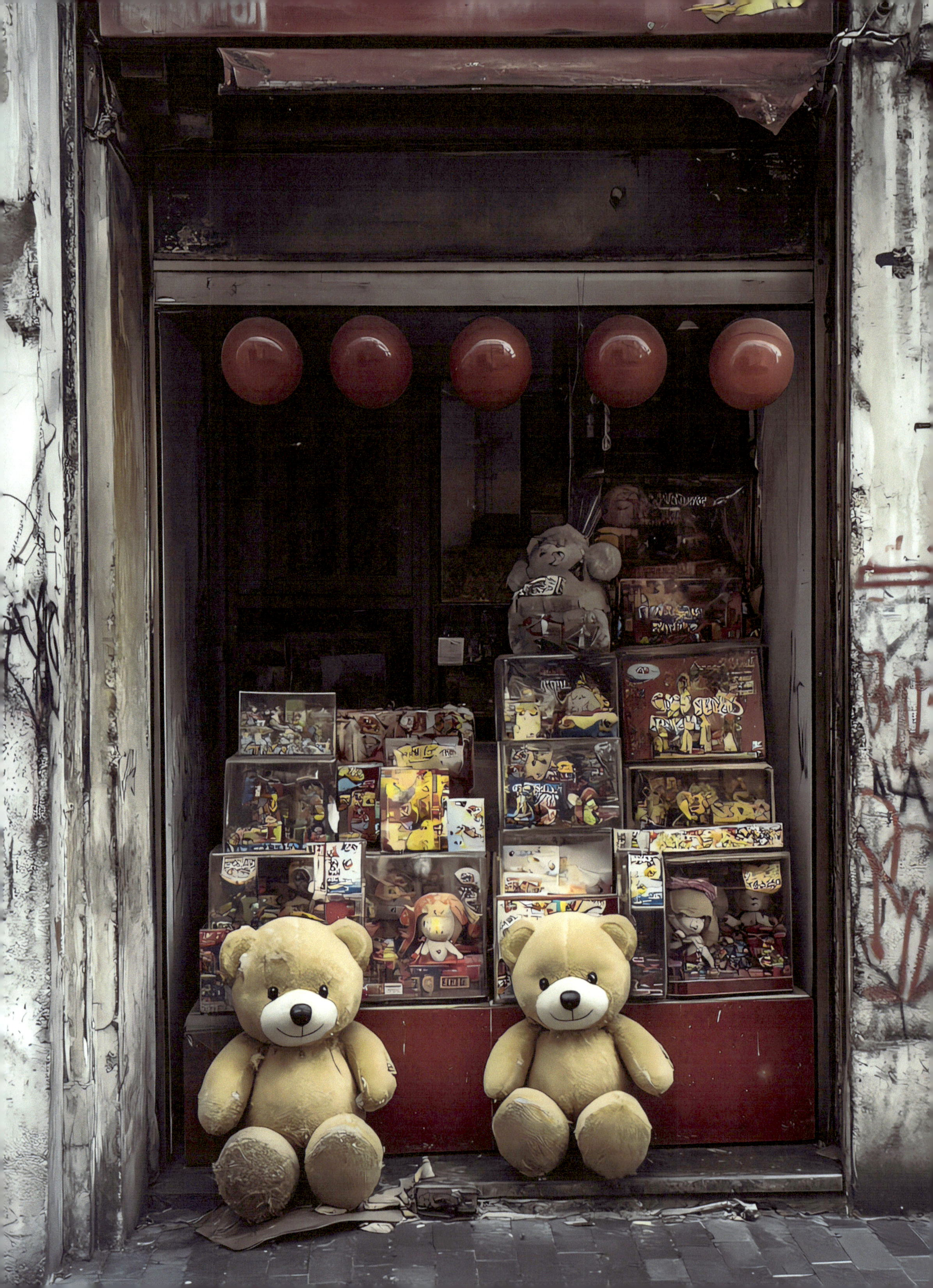

www.ingramcontent.com/pod-product-compliance
Lightning Source LLC
Chambersburg PA
CBHW040420220526
45473CB00004B/1299